ミネルヴァ日本評伝選

母が嘆きは浅からぬことに候

北条政子

関　幸彦著

ミネルヴァ書房

刊行の趣意

「学問は歴史に極まり候ことに候」とは、先哲荻生徂徠のことばである。

歴史のなかにこそ人間の智恵は宿されている。人間の愚かさもそこにはあらわだ。この歴史を探り、歴史に学んでこそ、人間はようやくみずからの正体を知り、いくらかは賢くなることができる。新しい勇気を得て未来に向かうことができる。徂徠はそう言いたかったのだろう。

「ミネルヴァ日本評伝選」は、私たちの直接の先人について、この人間知を学びなおそうという試みである。日本列島の過去に生きた人々の言行を、深く、くわしく探って、そこに現代への批判を聴きとろうとする試みである。日本人ばかりではない。列島の歴史にかかわった多くの異国の人々の声にも耳を傾けよう。

先人たちの書き残した文章をそのひだにまで立ち入って読み、彼らの旅した跡をたどりなおし、彼らのなしとげた事業を広い文脈のなかで注意深く観察しなおす――そのとき、はじめて先人たちはいまの私たちのかたわらによみがえってくる。彼らのなまの声で歴史の智恵を、また人間であることのよろこびと苦しみを、私たちに伝えてくれもするだろう。

この「評伝選」のつらなりのなかから、列島の歴史はおのずからその複雑さと奥ゆきの深さをもって浮かび上がってくるはずだ。これを読むとき、私たちのなかに新たな自信と勇気が湧いてきて、その矜持と勇気をもって「グローバリゼーション」の世紀に立ち向かってゆくことができる――そのような「ミネルヴァ日本評伝選」にしたいと、私たちは願っている。

平成十五年（二〇〇三）九月

上横手雅敬
芳賀　徹

北条政子像（安養院蔵）

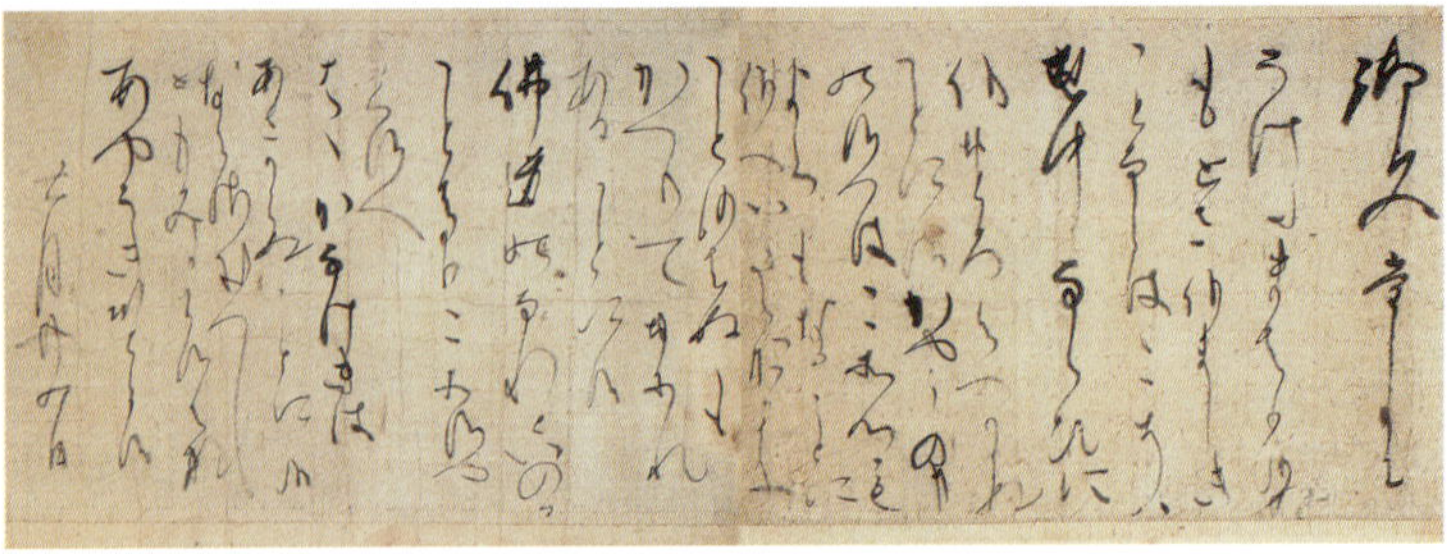

北条政子書状（神護寺蔵）

伝北条政子奉納「梅蒔絵手箱」（三嶋大社蔵）

はしがき

「女房の目出たき例《ためし》」とされた北条政子。本書の主題はその政子を中世という時代のなかで語ることにある。小説（文学）風味とは異なる、大説（歴史学）としての人物像の提供にある。

しかし、これはいうほどに易しくはない。多くの史書で語り尽くされ、いささか食傷気味の感もある政子について、これをどう料理すべきなのか。

七十年に近い政子の生涯には、頼朝の妻（御台所《みだいどころ》）、頼家・実朝の母、さらには尼将軍と、さまざまな立場があった。夫や子女にさきだたれ、運命に殉ずるかの如く生きぬいた政子の人生は、悲劇という枠組みを越え、激しさと大きさがあるようだ。

考えてみれば、その生涯には平家の時代も、源平の争乱もさらには承久の乱までもがすっぽりと含まれてしまうのである。まさに彼女が生きた時代は古代から中世への変革期だった。わが国の未曽有の画期にあたるその時代を彼女は自ら体験した。

そうした点で政子を論ずることは、同時にわが国の中世を考えることにもつながる。本書が政子とその時代をつねに射程にすえたのもここにある。政子の時代を読み解くことで、武家政権のさまざまが見えてくるはずである。

世上取沙汰される政子への批評も、中世という時代を離れては意味をなさない。時代が育んだ一人の女性を語ることで、「北条政子とは何か」という問いに近づくことができればと思う。

本書の構成は次のとおり。まず本論に先立ち、政子が後の時代にどのように語られてきたのかを概観したい。各時代の政子評を整理することで、その虚像と実像について考えておきたい。

本論では政子が生きた時代を対象に、大姫・頼朝・頼家・実朝・義時といった関係人物たちを軸にその生涯を叙述した。彼らを骨格にしたのは『承久記』が代弁するように、政子の人生の節目を象徴している人々と考えられるからだ。そこには彼女が遭遇した政治的事件のさまざまが論ぜられることになる。いわば政子を中心とする幕府論ということになろうか。

最後の「伝説を歩く」では、政子にかかわる旧跡を紹介することで本論とは異なる回路を用意してみた。

以上が本書の構成である。ここで打ち出した政子論により中世政治史の裾野がさらに広がることを期待したい。

北条政子——母が嘆きは浅からぬことに候

目次

目　次

図版写真一覧

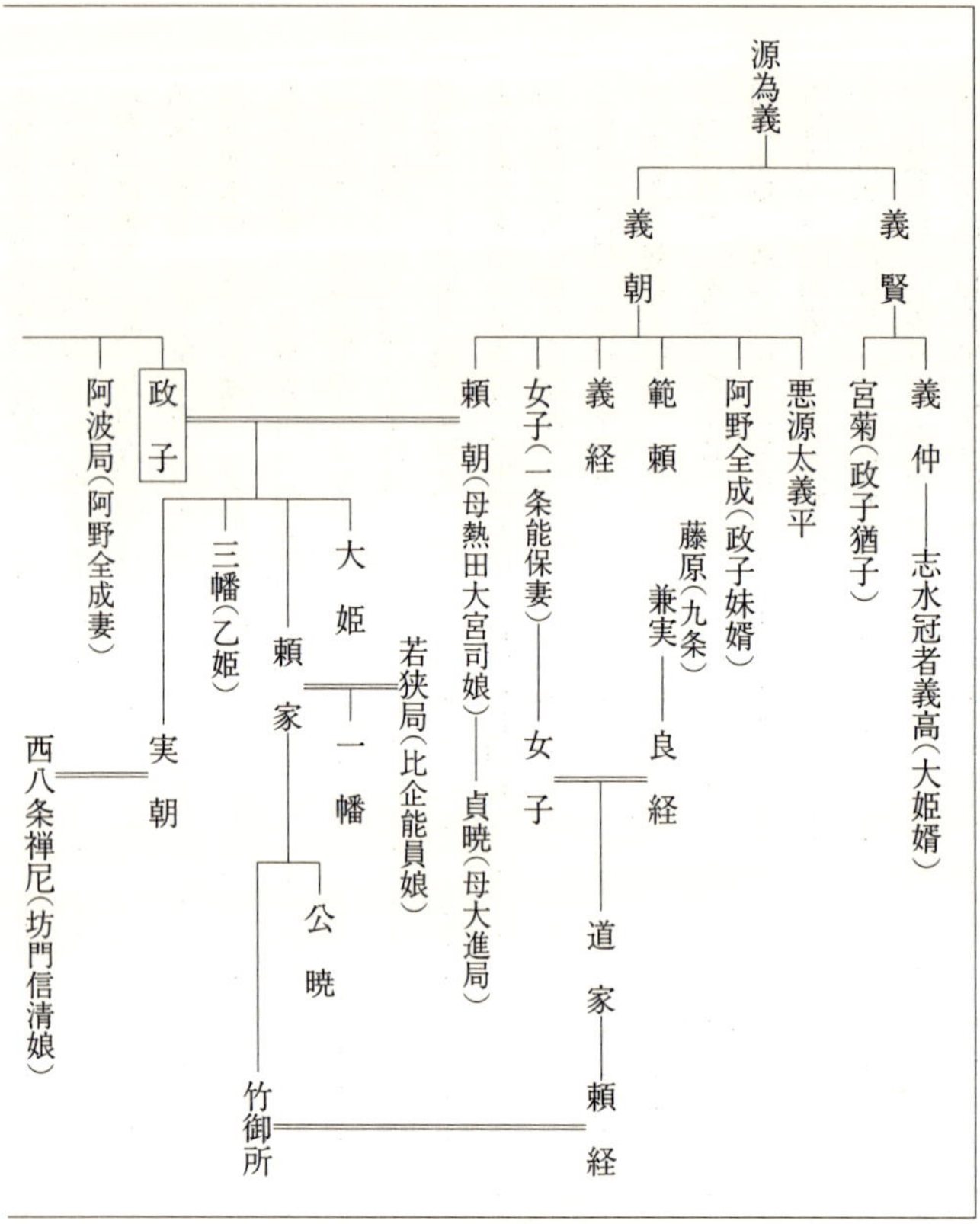
源為義
義朝
義賢
義仲
志水冠者義高（大姫婿）
宮菊（政子猶子）
悪源太義平
阿野全成（政子妹婿）
範頼
藤原（九条）兼実
良経
義経
女子（一条能保妻）
女子
道家
頼経
頼朝（母熱田大宮司娘）
貞暁（母大進局）
政子
阿波局（阿野全成妻）
大姫
一幡
若狭局（比企能員娘）
頼家
公暁
竹御所
三幡（乙姫）
実朝
西八条禅尼（坊門信清娘）

北条政子関係系図

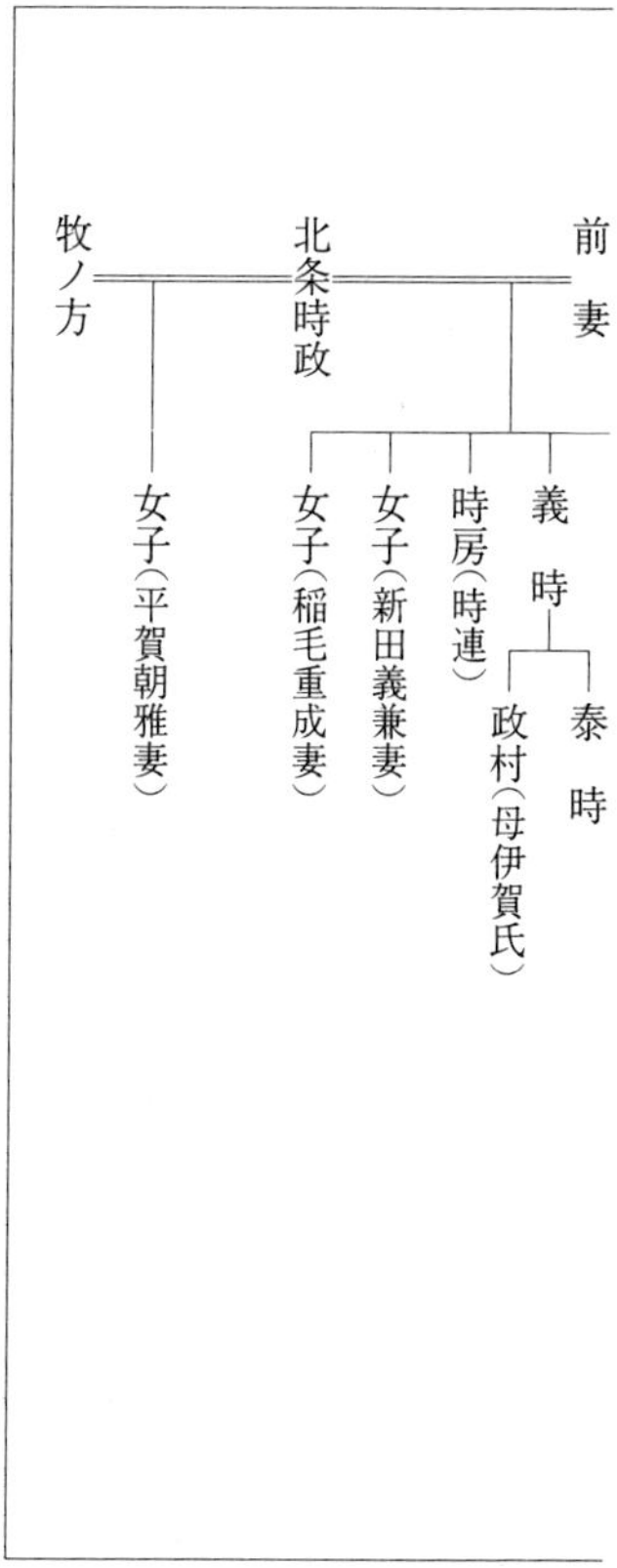
前妻
北条時政
牧ノ方
義時
泰時
政村（母伊賀氏）
時房（時連）
女子（新田義兼妻）
女子（稲毛重成妻）
女子（平賀朝雅妻）

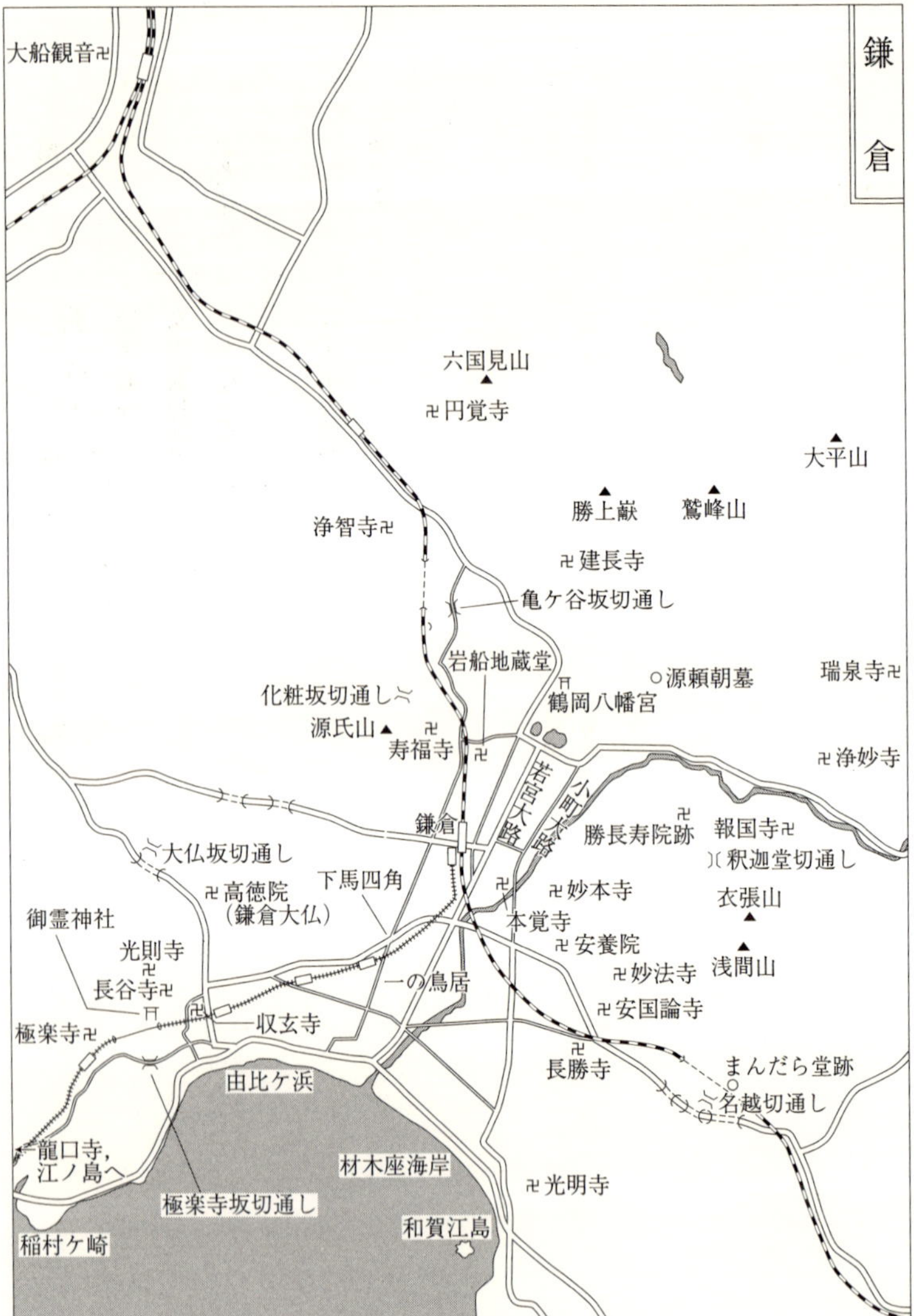
鎌倉
大船観音
六国見山
円覚寺
大平山
勝上巌
鷲峰山
浄智寺
建長寺
亀ケ谷坂切通し
岩船地蔵堂
源頼朝墓
瑞泉寺
化粧坂切通し
鶴岡八幡宮
源氏山
寿福寺
浄妙寺
若宮大路
小町大路
鎌倉
勝長寿院跡
報国寺
大仏坂切通し
釈迦堂切通し
下馬四角
高徳院
(鎌倉大仏)
妙本寺
衣張山
御霊神社
本覚寺
光則寺
安養院
浅間山
妙法寺
長谷寺
一の鳥居
安国論寺
極楽寺
収玄寺
まんだら堂跡
長勝寺
由比ケ浜
名越切通し
龍口寺,
江ノ島へ
材木座海岸
光明寺
極楽寺坂切通し
和賀江島
稲村ケ崎

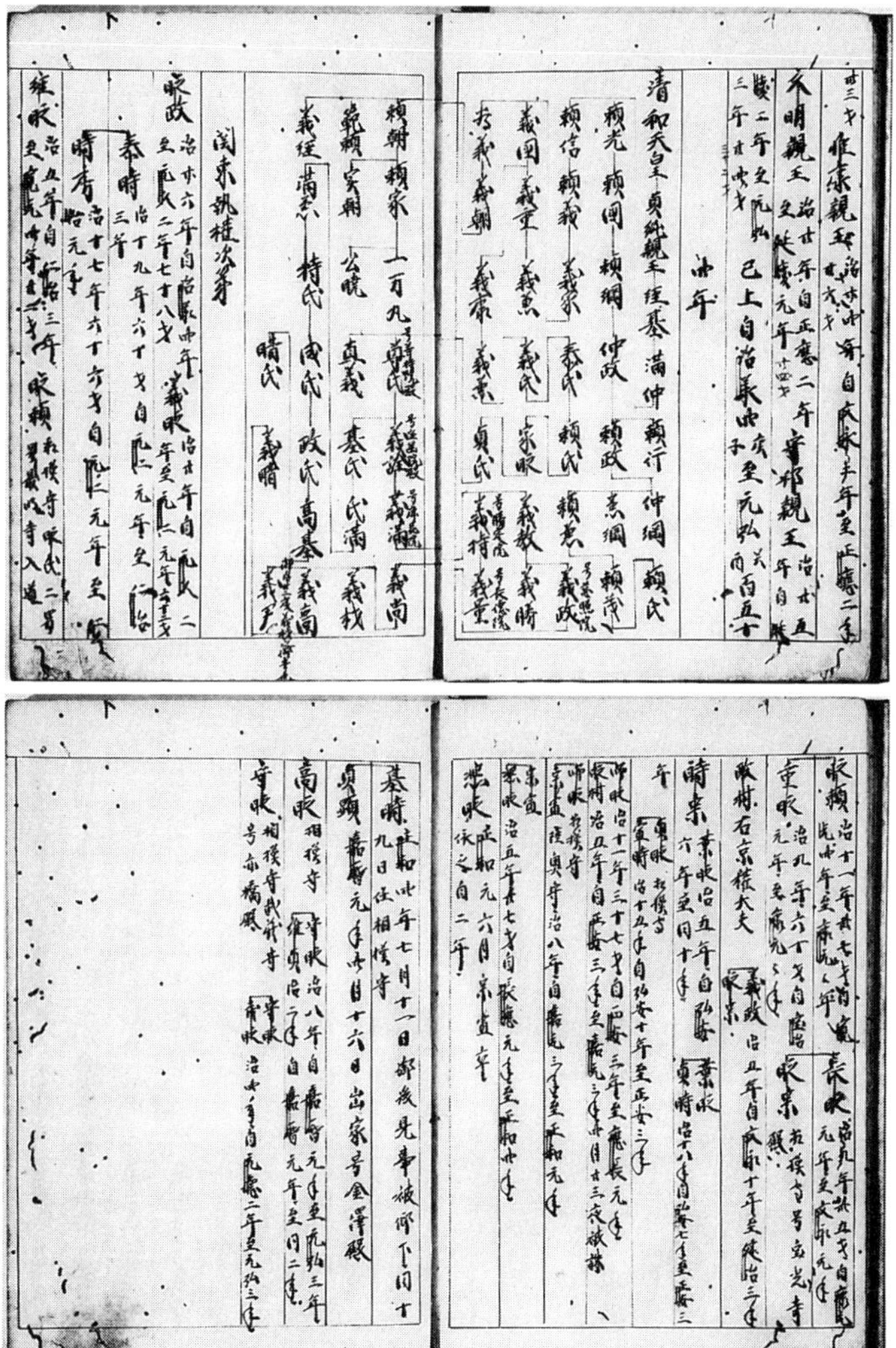

『吾妻鏡』（京都府立総合資料館蔵）

序章　伝説を読む——歴史のなかの「政子」たち

1　中世の「政子」像

〝歴史をさわがせた女〟たちという点では、政子はさしずめその最右翼に位置するのだろう。中世的女性像の一つの雛形を政子は提供したようだ。彼女のおもしろさは、頼朝にすべてを賭けて、決してたじろがなかったことだ。その強さこそが中世という時代が育んだ政子の真骨頂だったに違いない。

「女房の目出たき例」

政子が生きたその中世にあって、彼女はどのように語られているのか。伝説風味ということでは『承久軍物語《じょうきゅういくさ》』（『承久記』の異本で中世後期の成立。『群書類従《ぐんしょるいじゅう》』所収）の政子像が出色だ。承久の乱にさいし、義時・時房を前に語ったとされる政子の詞にはその人生が凝縮しているようだ。

「女房の目出たき例《ためし》」と評される己《おのれ》を顧《かえり》みて政子は「尼程に物思ひ深き者世に有らじ」（自分ほど

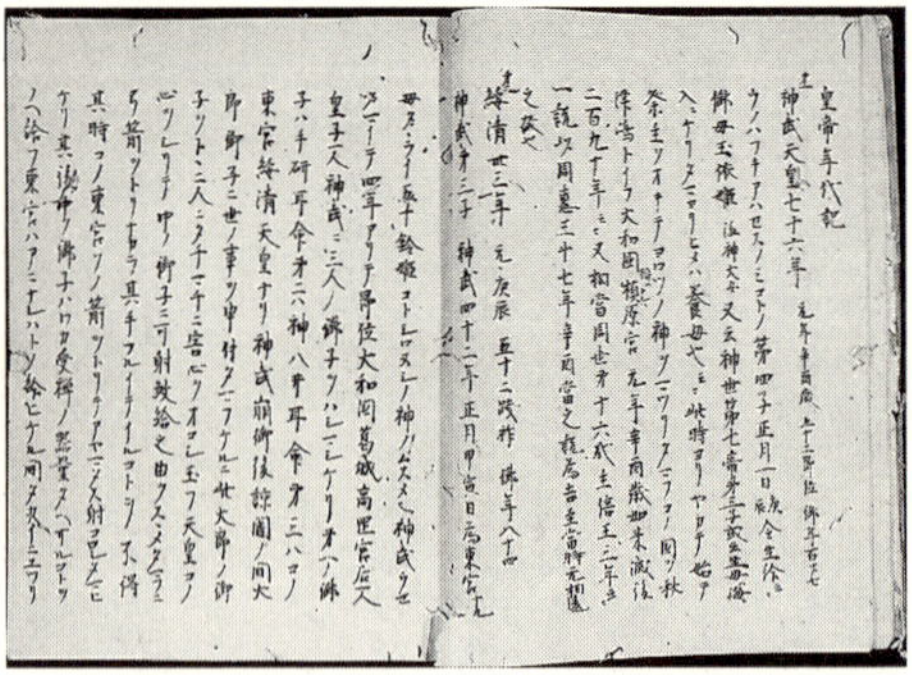

『愚管抄』（宮内庁書陵部蔵）

悲しい思いをした者はいない）と慨嘆し次のように語ったという。

頼朝との結婚は、当初「世に無き振舞」と親にも「悪《にく》みそねまれた」こと。やがて平家との戦いで神仏への祈願の日々が続き、平穏となったものの程なくして大姫を失い、「何事も覚えず」自分を見失うほどの悲しみに見舞われたこと。そして今度は、夫の頼朝にさきだたれ「此の時こそ限りたりけり」（自分も最期だ）との想いに到ったこと。

さらに追いうちをかけるように金吾将軍（頼家）を失い、ついには実朝さえ失ってしまったおりには、「是こそ浮世の限りなれ……いかなる瀧瀬にも身を投げて空しくならん」とその心情を吐露《とろ》したという。

『承久軍物語』の右の場面は、政子に仮託してその心情を汲み上げたものだろう。そこに女性にして権勢を持った政子を「女房の目出たき例」と評しつつも、計らずも権勢に身を置くことになった悲しみも語られている。

多分に文学的ではあるが、『承久軍物語』には等身大の政子像が描かれていると見てよい。

かかる「目出たき例」の筆致は、政子の同時代の史論書である『愚管抄』にも指摘されているところだ。

女人入眼《じゅがん》ノ日本国、イヨイヨ、マコトナリケリト云フベキニヤ。

いささかの皮肉を込めての慈円のこの詞は、建保《けんぽう》六年（一二一八）熊野詣のため上洛した政子が、京都政界の実力者藤原兼子と気脈を通じ合った状況を語ったものだが、東国の鎌倉政権の代表者としての様子がうかがわれる。

この他、『曽我物語』『源平盛衰記』『源平闘諍録』などにも政子は登場するが、それらは場面や状況に応じての彼女の発言や行動が巧みに脚色されている。

例えば、頼朝との結婚にまつわる夢買いの話、頼朝との愛をつらぬく情熱的出会いの場面、さらには頼家に対しての凜《りん》とした母の姿、承久の乱での演説等々、いずれも有名な話が多く、『吾妻鏡』的世界の拡大版といえる。

その点では同じく中世でも、南北朝以後の歴史意識の成熟は、過去へのまなざしを異にした。そうしたなかで政子の政治的役割についても、言及がなされるようになる。南北朝の動乱とこれにつづく足利政権の成立は、中世の人々にそれまでとはちがう歴史の激動を体験させた。

「姫氏国」のなかの政子

政子は室町時代にもてはやされた。一条《いちじょう》兼良《かねら》『樵談治要《しょうだんちよう》』には「此日本国をば姫氏国《ひめうじこく》といひ、女のをさむべき国といへり」とし、天照神《あまてるかみ》から説き神《じん》功《ぐう》皇后、さらに推古および奈良の女帝たちの存在を指摘したうえで、政子について次のように語る。

「一向に鎌倉を管領せられ」た存在と評し、承久の乱での差配ぶりをふくめ、貞永式目にいたる流れを説き、「さればば男女によらず天下の道理にくらからず」と語り、政子のさまざまな行動を賛じている。室町の九代将軍義尚への政治指南書とされる同書が、「天下の道理」を治者の資格としていることは重要だろう。あわせてそこに政子が、「姫氏国」「女のをさむべき国」の象徴と語られていることは大きい。

多分にそれは兼良流の〝配慮〟なのだろうが、この時期の政治論の一つとして興味深いものがある。〝配慮〟と述べたが、よく知られているように兼良は日野富子の政治顧問であった。「姫氏国」云々には、その富子の存在が意識されていた。『小夜の寝覚《さよのねざめ》』は兼良が富子に与えた教訓書で、政子の政道の正統性が『樵談治要』と同様の観点から語られている。

此二位殿の仰《おほせ》とてこそ義時ももろ〳〵の大名には下知せられしか。さればば女とてあなづり申べきにあらず。むかしは女体のみかどのかしこくわたらせ給ふのみぞおほく侍しか。今もまことにかしこからん人のあらんは、世をもまつりごち給ふべき事也。

ここに指摘された政子評は、かつて慈円が『愚管抄』で「女人入眼ノ日本国」と語った内容に通底する。

時代はいささか前後するが、北畠親房《きたばたけちかふさ》の『神皇正統記《じんのうしょうとうき》』や夢窓疎石《むそうそせき》の『梅松論《ばいしょうろん》』でも政子の評価はそれなりに高い。ともに史論書というべき分野の作品だが、主張するところは異なる。

後醍醐天皇の正統を主唱した『神皇正統記』では、「頼朝勲功ハ昔ヨリタグヒナキ」と、頼朝の功を賞し、承久の乱での後鳥羽院側の責任を問うている。、頼朝の政治的遺産を継いだ政子・義時に関し、「後室《こうしつ》ソノ後ヲハカラヒ、義時久ク彼ガ権ヲトリテ、人望ニソムカザリシ」と論じ、その政治的役割をみとめる。

他方、後鳥羽院の挙兵を「上ノ御トガトヤ申ベキ」と指摘し、親房は「時ノイタラズ、天ノユルサヌコト」であったため、後鳥羽院側は承久の乱に敗北したとする。

足利側に立脚した『梅松論』でも、政子の評は同じく高い。ここには『吾妻鏡』『承久記』などに登場する承久の乱での政子の演説の一部が脚色され語られている。「三代将軍ノ墓所ヲ西国ノ輩ノ馬ノ蹄《ひづめ》ニ懸ム事」のくやしさを強調し、頼朝の重恩を説く政子の存在がアピールされている。

以上、見たように政論や史論書の類にあっては、政治家としての政子の評価は概して高いようだ。こうした政治や歴史の枠のなかで個人を論じたものとは別に、室町期には、政子の人間性を語ったものも登場した。『真俗雑記《しんぞくざっき》』なる作品では、頼朝の死を政子の嫉妬から起きた変死だとの見方も登場する。

ちなみに頼朝の死については、『吾妻鏡』が欠落している関係でさまざまな臆説が取沙汰されている。『保暦間記《ほうりゃくかんき》』には相模川の橋供養の帰路、安徳天皇をはじめとした怨霊がとりつき殺されたとする。

是ヲ老死ト云ベカラズ、偏《ひとへ》ニ平家ノ怨霊也、多クノ人ヲ失給ヒシ故トゾ申ケル。

いささか眉つば的言説を載せる『保暦間記』ではあるが、政子自身については、「大方天下ノ事、口入セラレケリ」と、政治にたずさわった政子の姿を指摘する。

それでは、近世江戸期における政子評はどのようなものだったのか。以下ではこれをながめておこう。

2 近世・近代の「政子」像

「丈夫ノ風アリ」——江戸の政子

江戸時代は、政子に〝烈女〟のイメージを定着させた。水戸藩の『大日本史』（「列伝五」）では、『曽我物語』の政子の夢買いの話を紹介しつつ、その智者・機敏ぶりを指摘している。さらに『源平盛衰記』に依拠し、頼朝と結ばれるまでの経緯を説き、その生涯を『吾妻鏡』に即し叙述する。種々の史料を多用しての『大日本史』の政子論は、中世の時代とは異なる味付けを提供した。「政子厳毅ニシテ果断、丈夫ノ風アリ……天下称シテ尼将軍ト曰フ」との描写に女傑的イメージも演出されており、江戸時代の女性観が見え隠れする。

また、この『大日本史』に尽力した彰考館の安積《あさか》澹泊《たんぱく》『大日本史賛藪《さんそう》』（各人物の評論。『近世史論集』〈「大日本思想大系」岩波書店〉所収）には「権略・智算、固《もと》より女流の能く及ぶ所に非ず、頼朝を制するに妒悍《とかん》を以てし、将士を馭《ぎょ》するに厳明《げんめい》を以てし、識慮深遠にして、頗《すこぶ》る婁妃《ろうひ》・述律后《じゅつりつごう》の風有り、北条氏の政を得たること、与《あづか》りて力有り」（巻五）と評されている。

澹泊の政子への評価もそれなりに高い。ここには機略にあふれた才を生かし、頼朝を制御し、その御家人たちを統制する力量を「識慮深遠」と賞賛する。加えて夫を諫《いさ》めた明の寧王宸濠《ねいおうしんごう》の妃や遼の太祖耶律阿保機《やりつあほき》の后で建国を補佐した述律にもたとえている。

ただし、そうした表面的な政子評とは別に、以下のようにも評される。「北条氏の為めに己あるを知りて子あるを知らざるは悍《かん》にして狡《こう》なりと謂ふべし」とあり、政治的評価とは別に道徳的・人倫的評価が顔をのぞかせる。「君臣相戕《そこな》ふに、政子は恬然《てんぜん》として知らざる為《まね》して其事を究治せず……頼朝の胤《いん》を絶ち、威権一に己に帰し、而して後快とも為すなり」とも論じ、分が悪い。

以上に見るように儒学（朱子学）的な論説にあっては、その政治的力量とは別に、人倫的尺度から政子の行動は否とされた。こうした人物評価の仕方は、政子のみならず頼朝に対しても共通したものがあった。名分的思考や道徳的思考のなかで、歴史を認識しようとする朱子学的史観にあっては、〝豆は米にもならるはず〟との、「はず」論や「べき」論の理想主義が背景にあった。

近世史書の代表ともいえる『大日本史』的観点は、江戸末期における同学派の史論書にも流入していた。新井白石『読史余論《とくしよろん》』・頼山陽『日本外史』など、紹介すべき史論書は幾つかあるが、大枠としては、右の『大日本史』や『大日本史賛藪』の評と近似する。

人物を論ずるさい、近世史論書の多くには物差《ものさし》があった。〝人倫道徳観〟に加えて〝尊王観〟が尺

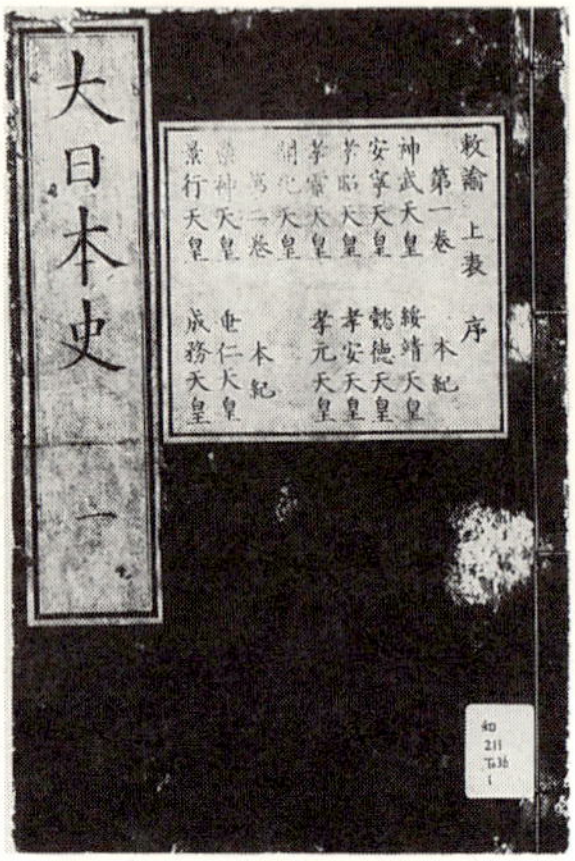

『大日本史』
（京都府立総合資料館蔵）

安積澹泊像　栗原信充『肖像集』
（国立国会図書館蔵）より

度になる。政子に対する評価もそうしたなかで語られることになる。

　こうした史論界での政子評は、庶民レベルでの〝歴史物〟（読本や戯曲）の諸作品にも大きな影響を与えた。『鎌倉三代記』（享保三年、紀海音作）や『源氏大草紙』（明和七年、福内鬼外作、いずれも、明治四十四年の「国民文庫」の『戯曲集』に所収）は、その代表的作品だが、小説以上のものではなかった。

　これに対し、趣を異にするのが以下の作品だ。『星月夜《ほしづくよ》鎌倉顕海録《かまくらけんかいろく》』（文化六年、高井蘭山《たかいらんざん》、『帝国文庫』所収、明治二十七年、博文館）は小説風味ではあるが、広く稗史《はいし》（野史と同意で、伝説・伝承を多用した歴史）に属するものとされる。その序には子女のための物語的史書を目ざしたとあり、頼朝以後、承久の乱にいたる幕府の内紛を興味深く叙述する。庶民が望む講談的な史書といっていい。

　通俗演義に属するものでは、他に『鎌倉見聞志《かまくらけんぶんし》』（安永年間、山田東雲）・『武徳鎌倉旧記《ぶとくかまくらきゅうき》』（享保三年、不詳）もあるが、右の『顕海録』が質・量ともに代表的作品といい得る。「蠱妬《いと》にして我が慢心《まんしん》を醸り得る」と政子を厳しく評するが、他方で「生質聡敏《そうびん》にして頼家卿、実朝卿の時に及び簾《れん》を垂《たれ》て国事を談ぜらる」とも略伝を付記する。

そこには個人の性格よりは、事件の内幕を想像・推測するなかで各人物の資質が語られている。小説的材料としては頼家の修禅寺行に対する政子の説得の場面や、頼家暗殺での稲毛《いなげ》重成《しげなり》の役割など興味深い。

この『顕海録』に比べもう少し史実に立脚した稗史の類として『鎌倉北条九代記』も参考となろう。「抑《そもそも》二位の禅尼にをひては乱臣十人の例」「婦人の権限にあづかる事は好しとやいはん悪しとやせん」との評をのせ、「政道雅意」の張本人として「本朝のそのかみ」（本朝の始め）と指弾する。

ここにあっては男尊女卑に裏打ちされた江戸期の意識が反映されていよう。かつて中世の時代が政子を「姫氏国」（『樵談治要』前出）の代表と見たのとは、対照的な政子像といえる。

新しい女性像

明治以降の近代の史論書の大きな潮流に文明史論がある。歴史の大局を文明の趨勢から理解しようとするものだ。十九世紀の西欧史学の影響によるものだが、明治史学の新風ともいうべきこの流れのなかで、政子はどのように評されたのか。

例えば文明史家の一人竹越《たけこし》与《よ》三郎《さぶろう》『二千五百年史』（明治二十八年）にあっては「能く其の子弟を戒しめ、殺伐争奪を事とする鎌倉の政治的世界に、調和人情の空気を輸入して、一大要家となりぬ」と高評価を与える。江戸時代の政子観が全体として低調であったのに比べ、そこには近代的歴史観に裏打ちされた新しい政子像が提供されている。時代の体現者に力点をおいた文明史論者らしい視点ということができる。政子の個人的資質とは別にその歴史的役割が思い切った形で論じられている。

この文明史論は福沢諭吉《ふくざわゆきち》や田口卯吉《たぐちうきち》らにより基礎を与えられ、その後の在野《ざいや》史学の源流となるものだった。その点では、実証とか考証とかというアカデミズム的世界から遠かったが、一般の人々の歴史意識を高揚させるうえでは大きな役割を担った。

田口卯吉「北条政子」(『田口鼎軒集』)でも、江戸時代の政子像が概して嫉妬深い女性であったとの評に反論し、「彼女は尋常の嫉妬を為すには余り怜悧なりき」と語り、その冷静な判断力から「頼朝の悪性なるを懲《こ》らさんとの考案を以て嫉妬せり」と指摘する。従来ともすれば表面的な性格を云々することで論ぜられてきた政子像に、これまた新しい解釈が与えられることになった。

今日からすれば当然と思える文明史家たちの政子像も幾多の曲折をへたなかで定着される。というのは、近代明治の史学界は決して一律ではなかった。文明史は一つの流れにすぎず、官学アカデミズムの巨大なうねりは他方で健在だった。

ただし、江戸期以来の正統史学は漢学系・国学系を問わず、実証主義的気風が前面に出てくる。そこにあっては、単純な人倫尺度からの人物評価は影をひそめるにいたる。しかし、近世水戸学の尊王史観は、近代にあっても継承されていた。

近代明治が〝王政復古〟史観を国是《こくぜ》とするなかで誕生したことからすれば当然であり、尊王史観はそうした意味で文明史観と異なる別流として近代の史学界を規定していたことになる。

例えば谷口政徳『日本歴史之裏面』（明治二十六年、晴光館）には、わが国の歴史を通述し、後鳥羽上皇の英邁《えいまい》さを賞賛し、政子について「義時の陰謀を覚えずその子孫が殺されても、尚ほ政権を握るを快とし、承久の役の如き、一言の下に将士を励まして王師を破らせた位で、王室に対しては実に不忠の尼将軍であった」と論ずる。一読して明らかなように、ここには承久の乱における武家不忠論という文脈のなかで政子が位置づけられていることが了解されよう。

以上、近代の政子像として二つのタイプの評論を紹介した。一つは文明史論に立脚した政子像、そしてもう一つが近世以来の伝統的思考からの政子像だった。近代の史学はこの政子の二つの旋律に象徴されていた。それは政子という人物のみの問題ではなく、むしろ政子とその時代（中世）への見方にもつながる問題であった。

3　中世・武家の自己認識

中世はどう見られたか

中世から近世そして近代にいたる「政子」を見てきた。いわば政子の語られ方ということになる。以下では「政子の時代」を問題にしたい。政子を育んだ、中世の武家の自己認識ということになる。したがって個人レベルの政子像の変遷とは別に、武家の認識のされ方を問うことが課題となる。

近世の江戸の時代は同じ武家ながら、中世の武家をどう位置づけていたのだろうか。江戸の歴史家たちの関心事の一つは、武家政権への位置づけだった。特に尊王思想の水位が高くなる近世後期の場合は、武権は王権とどのような形で折り合いをつけたのかが課題となった。頼朝や政子が創り上げた幕府は王権と矛盾するか否かという一点がポイントとなった。

歴史意識が成熟した近世は、中世の時代には浮上し得なかった武家自身への認識が、輪郭をともない登場した。

前述のことでいえば、幕府（武家）は王権から独立しているのか否か。近世の史家はこれにどんな解答を与えているのか、である。その点で注目されるのは、近世江戸期に登場する〝委任思想〟の考え方だ。武家は天皇から武権（諸国守護権）を〝ゆだねられた〟との思想である。例えば『武家名目抄《ぶけみょうもくしょう》』を著した塙保己一《はなわほきいち》などはその代表だろう。国学及び考証学の基礎をつくった江戸時代の歴史家の一人である。

委任思想は天皇大権の一部たる軍事権（諸国守護権）を将軍に委ねた、とするものだ。頼朝はその軍事権の委任という形で諸国守護権を授与され、全国の武士を御家人として支配したのだという。いささか難しくなるが、この委任を表現するものが「職《しき》」とよばれた官職ということになる。幕府とは征夷大将軍という地位（「職」）を授与され委任されることで成立する。法理上からすれば、このように整理できる。ここにあっては、武家の政権は、軍事権を奪った（簒奪）のではなく、委任されたものと解することになる。

幕府の力が強かった近世前期までは、〝簒奪性〟こそに武権の本質を見出そうとした。だが、尊王的水位の高まりのなかで、幕府の絶対性が揺らぐ近世後期では、〝委任性〟こそが日本的武権の特色だとの理解が一般化する。

それは王権の不可変性を前提として打ち出された考え方で、中国的な意味合いの革命思想は否定された。幕末の尊王攘夷思想の源流はここにあるわけで、武家は王権の安全弁としてのみ、その存在が許されるというものだった。

こうした流れにあっては、天皇への忠誠こそが、評価の尺度となった。頼朝に関しては、後白河院との対抗・対立的関係を含みながらも、武家としての範《のり》を越えないその態度が評価された。また政子に関してもその上洛のおり後鳥羽上皇の面会要請にもかかわらず「辺鄙《へんぴ》ノ老尼、竜顔ニ咫《し》尺《せき》スルモ益《やく》ナシ」（『吾妻鏡』健保六年四月二九日）との分《ぶん》をわきまえた態度が評価された。尊王的思考にあっては、如何なる理由であれ皇室への抵抗は許されない。北条義時なり足利尊氏はその点で厳しく断罪される。

近代は王政復古を前面に押し出し誕生した。そこで尊王の来歴を有した武家のみに光があてられる。楠木正成も新田義貞もいずれもがそうした世界の産物だった。政子の北条氏などは低い評価とならざるを得ない。近代が武家の中世を評価するのは、後鳥羽上皇なり後醍醐天皇の時代にこれに与《くみ》した少数派こそがその対象となった。

だが、王政復古を標榜した近代は一方で南朝的世界を発見するが、他方でもう一つの中世も発見した。それは武家それ自体を評価する立場だ。脱亜的思考の近代は、入欧するための基準として〝封建制〟を日本の歴史の光源体とした。

別の言い方をすれば、封建制を過去の歴史のなかに経験した地域こそが西欧近代と合体できる。そうした視点からすれば、武家政権（幕府）自体は、中国にも朝鮮国にもないシステムであるが故に脱亜の象徴となるとの理解だった。近代にあっては、近世的な尊王思考に加えて、脱亜入欧的思考のなかで武権への回帰がなされたのだった。

政子の時代（中世）がどのように位置づけられたのかという点では、近世と近代では発見される〝対象〟が異なっていることを改めて確認しておく必要がある。

政子論へのアプローチ

政子への評価をながめてきた。そこには肯定も否定もあった。時代とともに評価の尺度が異なることも理解できたはずだ。したがってこれから本章で述べる政子論も、当然現代という時代を背負っていることになる。いうまでもないが、時代から隔離された人物論は、かつての鑑戒史観と同じく偏った結論を提供することになるだろうし、時代風潮に迎合しすぎた人物像もまた観念の産物と化しやすい。

要はバランスということになろうが、時代と個人との適度な緊張感のある距離が問われなければならない。

以上のことから、政子論にはどのような切り口が与えられるべきなのか。やはり頼朝との関係が大きいはずだ。頼朝との二十余年間は戦争と平和の年月だった。治承《じしょう》四年（一一八〇）の頼朝の旗上げから内乱をへて、建久《けんきゅう》元年（一一九〇）の頼朝上洛、さらにその死にいたる激動の時代は、戦争から平和への時代だった。

この間、妻として母としての政子の存在があった。しかしながら、政子の政治的役割は頼朝死後にあったともいえる。尼御台や尼将軍とよばれた二十年間もまた頼朝の時代以上に多難だった。頼家・実朝将軍をへて承久の乱にいたるこの時期は、陰謀と内紛の時代でもあった。

頼朝の死をはさみ、前後二十年間の政子の姿は多様だ。頼朝の浮気に嫉妬する姿も、静御前の姿に同情する心根《こころね》も、大姫への哀悼も、頼家への訓戒も、病弱な実朝への神仏祈願も、さらには御家人の結束をうながす承久の乱での俊厳なる態度も、いずれもが政子の姿だった。

こうした諸点をふまえながら六十九年間におよぶ政子の生涯を考えた場合、単純ではあるが、時間的流れにしたがって語っておくのがやはり順当であろう。ただし、そこには自《おのず》からアクセントもあるようだ。

政子自身が、承久の乱の危機にさいし、その半生を顧みて語ったという『承久記』の詞はやはり象徴的だ。

尼、加様ニ若ヨリ物思フ者候ハジ、
一番ニハ姫御前ニ後《おく》レマイラセ、
二番ニハ大将殿（頼朝）ニ後レ奉リ、
其ノ後又打ツツキ左衛門督殿（頼家）ニ後レ申シ、

又程無ク右大臣殿（実朝）ニ後レ奉リ、
四度ノ思《おもひ》ハ已《すで》ニ過ギタリ
今度権大夫（義時）打タレナバ五ノ思ニ成ヌベシ

政子が語った「五ノ思」は、『承久軍物語』においても大きな差はない。軍記物という性格からは多少の脚色はあるにせよ、政子に仮託して語った右の詞には真実にも近いものがあるはずだ。

以下、本論を述べるにあたり、この『承久記』の記述をそのまま章立てに借用することとした。政子が遭遇した悲しみのさまざまを大姫の章、頼朝の章、頼家の章、実朝の章、義時の章として、最後の章には政子自身を配することで「鎌倉の時代」を導き出した北条政子の総括としたい。

第一　大姫の章――建久八年　秋

1　娘の悲しみと母の苦しみ

御台所と姫御前

建久《けんきゅう》が八年目をむかえた年の七月、政子は長女の大姫を失った。頼朝と結ばれて二十年、最初の大きな悲しみだった。治承《じしょう》の旗挙げに始まり、養和《ようわ》・寿永《じゅえい》・元暦《げんりゃく》・文治《ぶんじ》と年号は移っていた。源平の争乱から奥州合戦にいたる内乱を、政子はこの大姫とともに見守った。

「大姫君におくれ参らせて、何事も覚えず、おなじ道にと悲しみを」（『承久軍物語』）と嘆く政子の詞には、真実に近いものがあったはずだ。この薄幸の長女には母として格別の想いもあった。この長女もまた自分と同じく伊豆の田舎人として生涯を終わるはずだった。流人《るにん》頼朝の旗挙げがなければ、安穏なる歳月を母子ともに共有できたかもしれなかった。

蛭ケ小島（静岡県田方郡韮山町）

だが、歴史はそのようにはならなかった。歴史は彼らに「御台所《みだいどころ》」そして「姫御前《ひめごぜん》」という立場を与えたのだ。

大姫の不幸は、「姫御前」となったことで始まったともいえる。彼女の短い生涯には「政治」がついてまわった。木曽義仲の息子たる志水冠者義高《しみずのかじゃよしたか》との別れ、一条高能《いちじょうたかよし》との結婚騒動、後鳥羽天皇への入内問題と、三度にわたる結婚問題には、いずれも政治があった。

はじめは義仲との手打ちのために、つぎは貴族（公家）との橋渡しのために、最後は王権との融和のために、それぞれが「姫御前」たる大姫を必要とした。頼朝の娘としての立場がそうさせたのである。

ところで右の三度の婚姻問題で気づくことがある。それは大姫の相手が源氏の義仲の息子（義高）からはじまり、貴族そして皇室へという流れは、頼朝の権力の志向性に沿っていたという点だ。

別の見方をすれば頼朝の権力が源氏一族から皇室という異次元の権威・権力を射程に入れるまでに成長したことの証《あかし》でもあった。大姫の不幸は、変わらない自己と変わりつづける鎌倉の権力との狭間に身をおいていたことだった。

このことを最もよく理解していたのは政子だった。以下では右にふれた大姫の三つの結婚問題を軸に、母としてこれにどうかかわったのかを考えたい。

「御台所ノ御憤リ」――志水事件の残したもの

大姫と義高との婚儀は、政子にとっても望むところだった。頼朝と義仲の対立を解消するために、両人の結びつきは大きな意味をもった。

義高の母は信濃の豪族今井兼平《かねひら》の娘とされる。義仲が頼朝の要求をうけ十歳の嫡子義高を人質として送ったのは寿永二年（一一八三）のことだ。頼朝の要求は、異旗《ことはた》を立て独自の動きを強めつつあった義仲への警戒心からだった。おりしも平氏の義仲追討軍が北陸に向け進撃した時期である。義仲も妥協した。大姫の婿義高の存在は、大同団結を視野に入れる頼朝側にも悪くない話だ。

政治が要求した大姫と義高の結びつきは、同じく政治により破られた。翌年正月の義仲の滅亡で事情は大きく変わる。義高のカードは不要となった。むしろそれは危険だった。

頼朝は義高に第二の自分を重ねたのだろう。「武衛の聟《むこ》タリトイヘドモ、……ソノ意趣モットモ度リガタシ」（『吾妻鏡』元暦元年四月二十一日）。復讐を恐れた頼朝はこれを殺そうとした。これを知った大姫は義高を女装させ殿中から逃したが、彼は武蔵国入間川原で殺された。

大姫は当時五、六歳。義高の逃亡には当然政子もかかわっていただろう。大姫にとって、この事件の衝撃は大きかった。「病床ニ沈ミタマヒ、日ヲ追ヒテ憔悴」という状況だった（『吾妻鏡』元暦元年六月二十七日）。

大姫の死はこの十三年後のことである。『吾妻鏡』を読むかぎり、鬱々とした彼女は気の晴れることがなかったとしか思えない。それは義高への愛が強いとか、弱いとかの問題ではなかったろう。不信は多感な時期の悲しい体験と重なって、不安の暴発となって自己に向けられたようだ。

大姫の悲しみは母の政子も感じるところだった。政子は悲しみを憤《いきどお》りに転換させた。義高を殺した堀親家《ほりちかいえ》の郎従への報復だった。

「堀藤次親家が郎従梟首《きょうしゅ》セラル、コレ御台所ノ御憤ニヨツテナリ」と『吾妻鏡』は語っている。たとえ命令を受けたにせよ、政子や大姫に無断で義高を討ったとの理由からだ。

義高事件から二カ月をへての処置だった。この間、察するに政子の憤りはおさまりようもなく、暗殺を命じた頼朝に向けられたにちがいない。頼朝はやむなく処罰する。

それにしても割を食ったのは命令を忠実に実行した堀親家とその郎従藤原光澄だろう。光澄に非はない。政子がその配慮の至らなさを嘆いたとしても、鎌倉殿たる頼朝の命令を実行しようとした当然の行為だった。

頼朝の政治的判断も誤りとはいえない。政子が大姫のためにやり場のない怒りを義高の暗殺者にむけたことも理解できる。政子の怒りは自身の存在を無視されたことへの憤りでもあったろう。それにしても、やはり批難されるべきは、自己の決断に責任を持たなかった頼朝ということになる。

いずれにしてもこの事件は、大姫に大きな心の傷を残した。理不尽さを受け入れるには、大姫は若すぎた。その後の政子の苦悩は、この大姫とともにあった。政子二十八歳のことだ。

この時期、内乱は加速する。義仲滅亡後の元暦元年二月の一ノ谷の戦、そして、翌年三月の壇ノ浦合戦まで、対平氏戦にむけて戦闘は激しさをます。

政子の配慮

志水事件の翌年、こんなこともあった。訴えられ鎌倉に呼ばれた義仲の妹に対し、無実を主張する彼女のために、政子は頼朝に口添えをし、「雑怠《ぞうたい》ナキノ女性」の立場を擁護したのだった。政子は義仲の妹をあわれみ、美濃国の遠山荘を与えている。

これが前年の事件と直接につながるか否かははっきりしないが、政子自身大姫のこともあり、義高の縁故者には自責の念があったのかもしれない。『吾妻鏡』（元暦二年五月一日）が伝える小さな記事ではあるが、政治のなかで犠牲を強いられた女性への憐憫の情が伝わる。

政子の大姫への心配はつづく。病弱な体質はその後も回復せず、大姫は邪気を滅すために勝長《しょうちょう》寿院《じゅいん》に籠ったりもした。文治二年（一一八六）五月のことだ。南御堂《みなみみどう》とよばれたこの寺院は、前年に源家の菩提寺として完成したばかりだった。大姫の参籠による「邪気ノ御対治」は頼朝・政子の願いによったものだろう。

源義経像（中尊寺蔵・岩手県西磐井郡平泉町）

二週間にわたる参籠だったが、興味深いのは勝長寿院に静御前《しずかごぜん》がおとずれたことだ。義経《よしつね》を恋慕し、鶴岡の神前で舞った静の意志の強さに大姫も感じ入ったことだろう。幼くして許婚者《いいなずけ》を失った大姫には、

岩船地蔵堂（神奈川県鎌倉市）

その悲しみが充分すぎるほどに理解できた。

そこにも多分、母の政子の配慮がはたらいていたに違いない。この数カ月後、静も失意のうちに鎌倉を出立する。出産した男子を殺され間もないころのことだ。その帰路にさいし「御台所ナラビニ姫君憐愍《れんびん》シタマフ」（『吾妻鏡』文治二年九月十六日）とある。

静の悲劇もまた政治が強いた犠牲だった。政子・大姫ともどもが、静によせる憐憫には共通するものがあったろう。

このとき大姫はわずか八歳前後だった。義高への思慕がどの程度のものか、もちろん静と義経とは比べるべくもないのだが、幼い時期の心の傷がその後の生涯を律しつづけたことは、否めない。政子の大姫への心配りは、平凡な母としてのそれであった。大姫のために何ができるのか。日々そのことを考えない日は、なかったにちがいない。

ちなみに江戸期の史論書『大日本史賛藪《さんそう》』（安積《あさか》澹泊《たんぱく》）には、この大姫を静御前とともに「氷雪の質無しと雖も、亦、松柏の操有り」（気候が寒くても、紅葉、落葉しない松や柏《ひのき》のように、節操が固い）と評しており、後世における両人の資質の見方がうかがわれる。

2　結婚問題

政子の子女たち

ここで話を大姫以外の子女たちに広げたい。よく知られているように、頼朝との間に四人の子女たちがいた。長女大姫の誕生は治承二年のころと推定される。『曽我物語』『大日本史』（「政子伝」）には、政子と頼朝が結ばれたのが治承元年（一一七七）とある。『源平盛衰記』によったものだろう、大姫誕生はこれから程ない時期と思われる。政子二十二歳前後のことだろう。

ちなみに『源平盛衰記』には、大姫について、「姫君二ツバカリニヤマシマシケン」とあり、治承二年ないし三年あたりに生まれたとする。「容顔美麗ニシテ殆ド吉祥天女ノ如シ」とその容姿を伝えている。

他の三人の子女もあわせて、『吾妻鏡』所載の死去の記年から推算すると、次のようになる。

頼朝＝政子
- 大姫……治承二～三年（一一七八～七九）生（政子二二～二三歳）
- 頼家……寿永元年（一一八二）生（政子二六歳）
- 乙姫……文治二年（一一八六）生（政子三〇歳）
- 実朝……建久三年（一一九二）生（政子三六歳）

すでにふれたように大姫は頼朝の挙兵以前の誕生であり、彼女がもの心ついたころには頼朝は東国政権の舵取りの最中だった。時代の潮流は平氏との戦にむけて、東国武士団の求心力を必要とした。

例の義仲との確執も源氏内部での覇権の抗争に根ざしていた。政子と大姫を取りまく政治的環境のおおよそはこうしたものであった。

頼家が誕生した寿永元年前後の状況も、対平氏戦の継続の流れにあった。だが、この時期、東国の政権はさらなる飛躍をとげた。東国の政権基盤を固めた頼朝は、寿永二年十月、宣旨を与えられ、東国に合法的政権としての地位を獲得し、謀叛の政権から脱却する。武家政権の新たなる脱皮の段階だった。嫡子の誕生で御台所としての政子にも、それなりの風格がそなわりはじめたころだ。

そして次女乙姫が生まれた文治二年の時期は対平氏戦が終わり、内乱も終息しかけた段階であった。諸国守護権を掌握し、軍事権門としての政治的立場が鮮明となり、関東の新政府が京都の王朝勢力と対峙し得るまでに成長した段階ということができる。

最後の実朝は建久三年に生まれたが、この時期、武家政権としての幕府の威権は完全に確立した。征夷大将軍の地位に就くことで、武権のさらなる彫磨《ちょうま》を可能とさせた。政子三十六歳。鎌倉殿の良き伴侶として御台所たる威容がそなわった時期でもあった。

以上、四人が誕生したそれぞれの時代状況を整理した。母として、あるいは妻としての政子の生涯は、彼らの存在をぬきにしては語れない。と、同時に時代が、子女たちとの別れを強いたことも事実だった。

頼朝没後、政子は尼御台とよばれた。その後、乙姫・頼家・実朝を相ついで失うことになった政子は、さらに尼将軍となることで、やがて時代を背負わされることになる。

「貞女ノ操行」

義高の一件から十年の歳月が流れていた。この間大姫は鬱として晴れる日がなかったようだ。病床に沈みがちな大姫は、建久五年（一一九四）の夏に危険な状態におちいった。「将軍家姫君、御不例《ごふれい》」とあり、『吾妻鏡』はその事情を「志水殿ノ事アルノノチ、御悲嘆ノ故、日ヲ追ヒ御憔悴《ごせうすい》」と語りこれを「貞女ノ操行、衆人ノ美談トスル所ナリ」（建久五年七月二十九日）と指摘する。

これが事実ならば、なるほど「貞女」の形容にふさわしい。『大日本史』が江戸期風味の価値観のなかで、この記事から大姫の貞節をほめそやしたのは当然だったろう。美談の中身を穿鑿《せんさく》しても意味ないが、これを「貞女の操行」と記す『吾妻鏡』的美談の演出の方がおもしろい。腺病質だった大姫の追懐にも似た感情を、右のごとく美談に仕立てたのではなかったか。

頼朝も大姫のために日向《ひなた》薬師に参詣している。八月八日のことだ。相模国にある行基建立《ぎょうきこんりゅう》の霊場として知られるこの地に、「内々ニ姫君ノ御祈」のためにおもむいた。

大姫の本復祈願が効を奏したのだろうか、彼女の病いも一時好転の兆《きざ》しを示し始めた。危篤状態を脱したことで、政子も安堵の思いをなしたに違いない。そんなおり、娘の身を心配しての発案だったのだろうか。一条高能《いちじょうたかよし》との縁談が設定された。

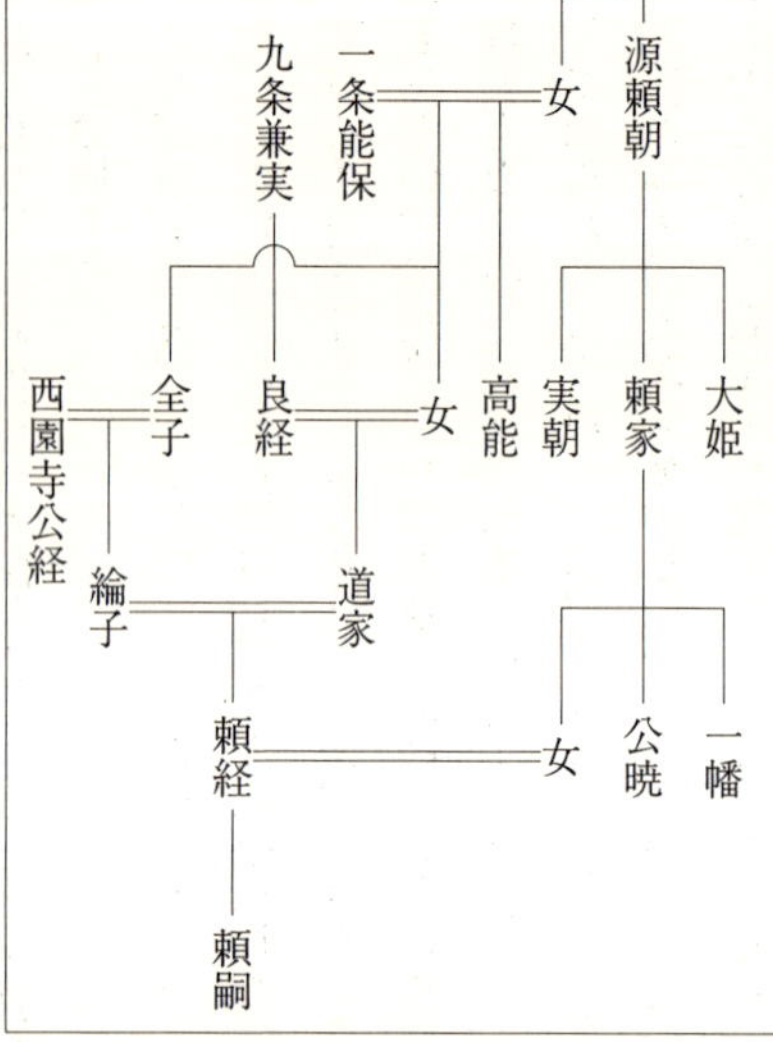

源家・九条家・西園寺家の関係

政子からの唐突とも思えるこの縁談は、以前から進められていた可能性が高い。というのは高能の鎌倉参着は八月十四日のことで、七月下旬には京都を出立したようだ。

大姫との縁談は折り込みずみだったのではなかったか。大姫が危篤になったのが七月二十九日であったことからすれば、何らかの事情で縁談の件を漏れ聞いた大姫が、これに抗しようとして身に変調をきたしたのかもしれない。

高能の父能保《よしやす》は中納言の地位にあり、その妻は頼朝の妹にあたる。その点では大姫の相手として不足はなかった。

一条能保は鎌倉と京都をつなぐ親幕派の重要な人物だった。ましてその妻が源家出身となればなおさらだろう。建久元年（一一九〇）五月には、京都で亡くなった頼朝の妹のために、南御堂（勝長寿院）で追善供養をおこなっているほどだ。

頼朝にとって一条家との関係を継続するためにも、大姫はその候補とされたのだろう。

そこで注目したいのは、能保の娘が摂関家の九条良経《よしつね》に嫁すことを伝える次の記事である。そこには、能保の娘への贈物に、政子の沙汰として「女房五人、侍五人の装束《しょうぞく》、さらに長絹《ちょうけん》百疋《ぴき》の進上」の件が記されている。良経は月輪《つきのわ》関白兼実《かねざね》の子であり、政子はこの縁談が間接的ではあるが、源家の血の交流にそれなりの役割を果たすのを期待したに違いない。

だが、それ以上に政子の内心には、これがわが娘大姫であればとの想いも交錯したのではなかったか。

能保の娘への贈答の品々の準備のなかで、政子も一条家との婚儀を現実的なものにしていったのかもしれない。高能との縁談も水面下では交渉がすすめられていたと思われる。そうした状況のなかでの高能の鎌倉下向であってみれば、このように考えるほうが辻褄が合うようだ。

大姫の縁談も、おそらくは予定のうちであったと思われる。誤算は大姫自身がこれを拒んだことだった。「御台所ノ内々ノ御計」も失敗に終わる。

「シカルゴトキノ儀ニ及ババ、身ヲ深淵ニ沈ムベキ」（『吾妻鏡』建久五年八月十八日）とまでいい張る大姫の強い意志で、結婚問題は沙汰止みとされた。

3　政子の至福

都への旅立ち

一条高能と大姫の婚儀が取り止めとなった翌年、政子は都にのぼった。頼朝の東大寺再建供養をかねての上洛だった。子女たちも同伴した。病み上がりではあったが、大姫もそして頼家もいた。一家そろってのはじめての上洛である。

上洛にさきだち入念な準備がすすめられ、建久六年二月一日、彼らは鎌倉を出発した。東海道の名所に想いを馳せつつの旅であったに違いない。

一行が近江の瀬田橋を過ぎ、やがて京の六波羅《ろくはら》に到着したのが三月初旬のことだった。海道の道すがら政子は多忙な日々を顧《かえり》みただろう。三十九歳となった政子にとって、生涯忘れがたい旅となったはずだ。将軍家の夫人として多くの家人を率いて、子女ともども京の地をふむことの喜びを感じたに違いない。

京都滞在中の三月～六月は、まさに政子の至福のときでもあった。

三月九日石清水《いわしみず》八幡宮の臨時祭に政子は、頼朝とともに参列した。翌日、東大寺再建供養にむけて頼朝は、そのまま奈良へとおもむいた。

十二日の供養の当日には、威信にみちた鎌倉殿の姿があった。その家人数千が路次《ろじ》を警固していた。治承の内乱にさいし炎上し、十年以上の歳月を費やして東大寺は再建された。公家・武家あげての国家的大事業の完成だった。大檀越《だんおつ》たる鎌倉殿の威厳が、供養の儀にいっそうの荘厳さを与えたことだろう。十三日には大仏殿へと参じた頼朝は、翌日南都から帰洛した。この間、政子が同伴したか否かは不明だが、子女たちと京都にとどまっていたと思われる。

政子の京都での日々は、足早にすぎていった。この間、大姫とともに石清水八幡・天王寺さらに清水寺などの霊地巡礼を重ね、母子ともどもひとときの幸せを共有した。

頼朝もまた多忙を極めていた。とりわけ後継者頼家をともなっての参内・参院をはじめ、京都政界への人脈の確保にその力をそそいでいた。

そうした状況のなかで、大姫に関して新たなる布石が打たれようとしていた。大姫の後鳥羽天皇への入内《じゅだい》である。大姫十八歳、後鳥羽十九歳、両者適齢でもある。頼朝そして政子の目論見《もくろみ》は明らかだった。

大姫入内が鎌倉にもたらす政治的効果は、大きなものがある。かりに頼朝が外祖父の地位に就いたとしたら。こんな想像もけっして夢ではなかった。とりわけ政子の期待は少なくなかったはずだ。

志水義高の一件以来、不信を募らせた大姫の心をどうすれば開くことができるか。一条家の婚儀は実現に至らなかった。これを推進した政子にとって、わが娘の幸せをどのような形で実現できるのか、真剣に悩みながらの決断だったと思われる。

見果てぬ夢にむけて政子は、頼朝とともに動き出していた。

丹後局と政子

四カ月におよぶ在洛の期間中、政子が王朝側の要人と会うこと両度におよんだ。いうまでもなく後白河法皇の寵姫高階栄子《たかしなえいし》（丹後局《たんごのつぼね》）である。院中における最大の実力者というべき栄子との面会について、『吾妻鏡』は次のように伝える。

将軍家、尼丹後二品（高階栄子）ヲ六波羅ノ御亭ニ招請シタマフ、御台所、姫君等対面シタマフ。

（建久六年三月二十九日）

このおり政子が丹後局のために用意した贈物は銀製の蒔筥《まきばこ》に砂金三百両に白綾三十端、さらに従う諸大夫や侍たちにも引出物を贈るなど礼を尽くしたものだった。

半月後の四月十七日再び丹後局は六波羅邸をおとずれ政子と大姫に対面している。

栄子は後白河法皇の近臣である相模守平業房《たいらのなりふさ》の妻となり、夫の死後、鳥羽殿に幽閉された法皇に近仕し、その寵を得たとされる。養和元年（一一八一）に法皇の皇女覲子《かんし》を産んで以来、その権勢は重きをまし、「朝務ハ偏《ひとへ》ニカノ唇吻《しんふん》ニアリ」（『玉葉』文治元年十二月二十八日）とまでいわれた。建久二年（一一九一）に覲子内親王に院号宣下《いんごうせんげ》があり宣陽門院《せんようもんいん》となると、生母たる栄子は従二位に叙せられるにいたった。

法皇の死後、膨大な荘園群（長講堂領《ちょうこうどうりょう》）が宣陽門院に譲られたこともあり、これを擁した栄子の政治力は衰えることはなかった。

政子が大姫ともども六波羅邸で対面を果たしたのは、そうした来歴を有した人物だった。頼朝も京都に滞在中には、宣陽門院をおとずれ、長講堂領についての年貢進済の確約をするなど、政治的配慮を見せている。

武家の棟梁の好意をにくからず思うのは人情だろう。頼朝が天王寺詣のおりには鳥羽より船出となったが、そのさいには丹後局の申し出にしたがい、栄子の船が借用されたという（『吾妻鏡』建久六年五月二十日）。

後白河院像『天子摂関御影』より
（宮内庁三の丸尚蔵館蔵）

こうしたことが頼朝・政子と丹後局の接近を早めた。丹後局に対面した政子はもちろん無位・無官だった。政子自身が、後年に同じ二位を授かるなどと、このおりにどうして想像できたであろうか。

『吾妻鏡』には丹後局との二度の面会にさいして、どんな内容が話されたのかは記されていない。が、『愚管抄』その他の記述から、頼朝の内意が大姫の入内に傾いていたことは、疑いないようだ。

そうした点からすれば、大姫・頼家をともなっての上洛には、物見遊山の気分とは別なものもあったに違いない。とりわけ病弱な大姫にたいしては、京都での気分転換にくわえて、頼朝・政子の深慮がはたらいていたようだ。

鎌倉政権のさらなる政治基盤をどのような形で構築するのか。治承以来つづいた十年におよぶ内乱がおわり、建久年間は政治の時節でもあった。第一回目の建久元年の上洛にさいしては、「法皇御万歳」以後を九条兼実と約した頼朝だったが（『玉葉』建久元年十一月九日）、朝廷内における勢力地図の変化のなかで、鎌倉側には鎌倉側の算段もはたらいていた。

大姫入内が政治的日程にあがったのは、その意味ではさほど早いわけではなかった。何しろこの前年には、体調不良の大姫に一条高能との縁談をすすめていたほどだから。

それでは、頼朝そして政子をして、わが娘の入内を実現させるにいたる状況とは何であったのか。このあたりをもう少し、掘り下げておこう。

大姫入内の真実――建久七年の政変によせて

ここでは政子あるいは大姫から少し距離をおきながら、入内問題がはらむ当時の政治をみておこう。登場人物は九条兼実、土御門通親《つちみかどみちちか》、および丹後局栄子、そして頼朝である。

貴族社会にあっては、権力への近道は皇室との姻戚関係だった。それ故に頼朝の政権が王朝との接触を密にすれば、当然右の問題が浮上する。別のいい方をすれば、武家の政権がそれほどに成長したともいえる。

建久三年（一一九二）三月後白河法皇が没し、王朝の求心力が失われると、九条兼実が実権を握ることとなった。兼実は親幕派の公卿として知られ、頼朝の信任厚く公武協調路線がここに実現されることとなった。

他方、院側も村上源氏の土御門通親を中心に反兼実派を形成していた。通親は平氏全盛のおり清盛の姪をめとり政界進出を果たしたが、平氏没落後は後鳥羽天皇の乳母《めのと》（高倉範子《はんし》）を妻にむかえ、後白河法皇の近臣として信任も厚かった。先述した丹後局とこの通親は、法皇を介し結びつきを強めていた。

兼実は摂政の地位にあり、その権力の優位性を確保するため後鳥羽天皇に娘の任子《にんし》（宜秋門院《ぎしゅうもんいん》）を入内させた。他方大納言通親も養女在子《ざいし》（妻の範子と先夫との子）を後宮に入れた。

九条兼実像『天子摂関御影』より
（宮内庁三の丸尚蔵館蔵）

頼朝が上洛した建久六年は、この両者の確執がはげしさをましつつあった。任子および在子の出産が同年の八月および十一月であったことからすれば、両家の娘たちの懐妊のうわさを京都にいた頼朝は、当然知っていたことになる。

両派閥にとって最大の関心は懐妊した任子と在子のいずれが、皇子を産むのかだった。軍配は皇子為仁《ためひと》（後の土御門天皇）を産んだ通親側にあがった。ここに対皇室入内闘争において兼実は後退し、翌建久七年十一月、兼実は陰謀の企てありと上奏され失脚する。

さて大姫入内の一件をあらためて考えると、次のような想定が可能となる。まず兼実の立場からは、頼朝の娘を入内させることで勝組・負組という二者択一から解放されることだ。兼実にとってかりに自分の娘の任子に皇子誕生がなくとも、大姫入内による皇子誕生の芽は消えたわけではない。少なくとも通親の在子に比べれば悪くない、と判断できる。

そして通親の立場である。丹後局ともども大姫入内を推進した場合、鎌倉側に恩義を売ることになる。それは頼朝の接近を受け入れることで、兼実との関係を離間させることにもつながる。くわえて兼実の思惑と同じく二者択一よりは危険の分散にもつながると考えたのだろう。

最後に頼朝そして政子の立場である。鎌倉側にとって武権の舵取りのうえで、王朝勢力との協調は大きな課題となる。東大寺再建供養という国家的プロジェクトへの参画は、何よりもその証拠だった。兼実・通親いずれかの申し出だったにしろ、大姫入内は頼朝にとって損な話ではない。

兼実との協調路線のみでは、院側（通親・丹後局）の巻き返し策に対応し切れない恐れもある。こんな判断が頼朝にあったのかどうか、むろん不明だが、後白河院なきこの時点において兼実以外のカードもありうると、頼朝が判断したとしてもおかしくはない。もっとも右の議論は兼実側からも大姫入内を歓迎したとの前提に立つ。この前提がなければ解釈もおのずと別だ。

兼実を無視した形で大姫の件がなされたとすれば、これは頼朝の盟友兼実への背信行為ということになる。これを仕掛けたのは通親そして丹後局である。かりにそうだとすれば、鎌倉側はその甘言に乗せられたと考えることもできる。サラブレッド主義を標榜する頼朝の弱点につけ入ったかれらの勝利ということになる。

京都政界の建久六年のおおよそはこんなところだった。と、すれば大姫入内の真実とは、それぞれの政治勢力にとって、大姫は安全装置だったことになる。一種の保険だった。だれに非があるわけでもない。時代がそのようにさせた。

見果てぬ夢
――大姫無情

四カ月あまりの京都での滞在をおえて政子たちが関東への帰路についたのは、六月二十五日のことだ。途中、美濃の青墓《あおはか》や尾張の熱田《あつた》社に立ち寄りつつ、鎌倉に到着したのは七月も初旬のころだった。

帰路の駿河で、政子は妹の訃報に接した。武蔵の稲毛《いなげ》重成《しげなり》のもとに嫁していた。鎌倉到着後はただちに喪に服したようだ。

ところで、その後大姫の入内問題はどう進展したのか。『吾妻鏡』には十月十五日に大姫が病悩に苦しみ、護念上人を召し祈禱させたことが見えている。「日来御病悩」とあり、鎌倉に帰って以後も慢性的に病がつづいていたのだろう。

護念上人の法の効験の故か、大姫は一時的な回復をみたようだ。だが、これを最後に彼女に関する記事は『吾妻鏡』に登場しない。建久七～九年の三年間の記事が欠けていて不明なこともあるが、『愚管抄』の建久八年の条に「コノ年ノ七月一四日ニ京へ参ラスベシト聞エシ頼朝ガムスメ、久クワヅライテウセニケリ」と大姫死去のことが見える。

頼朝や政子の期待もむなしく、大姫はわずか二十歳の若さで他界した。入内にたいし大姫自身がどのような気持ちをいだいていたかはわからない。

大姫との二十年の歳月は、誕生間もない武家政権の自立の過程と重なる。政子が頼朝とむすばれたと同じ年齢で、大姫は死去した。義高を追慕することで短い生涯を終えた長女について、深い悲しみとともに、その苦しみから解き放たれたことへの安堵もあったのではなかったか。

子にさきだたれる親のつらさを政子は思い知らされたことだろう。「姫御前ニ後レマイラセ」(『承久記』)と記す政子の「詞」には、真実に近いものがあったと思われる。

だが、政子の試練はこれからだった。第二の別離がまちかまえていた。夫頼朝との別れである。以下での主題は、「二番ニハ大将殿ニ後レ奉リ」と政子が嘆いたその頼朝との関係が軸となる。

岩船地蔵と大姫

何者も許さない歴史の現実は、多くの悲劇を生み出した。大姫の存在もまたそうだった。悲劇には多分に伝承なり伝説がともなう。岩船地蔵堂をご存知だろうか。亀ヶ谷坂《かめがやつ》入り口の三つ角に位置している。武蔵大路と北鎌倉の巨福呂《こぶくろ》坂をつなぐ重要ルートが亀ヶ谷坂だ。その亀ヶ谷切り通しの分岐点に位置している。横須賀線のガードを扇ヶ谷側に出たところに真新しい八角堂が見える。海蔵寺《かいぞうじ》の境外仏堂が岩船地蔵堂だ。

ここの地蔵堂の本尊は木造地蔵菩薩像とされるが、これとは別に須弥壇背後の下部にも石蔵の地蔵菩薩があった。『鎌倉　史跡巡り会記録』によれば「鎌倉石の同頂角石が地面から約五尺の高さで立っている」と記されている。これが「風化した舟形光背付《ふながたこうはいつき》の地蔵尊らしい」とも指摘されており、大姫の守本尊だとされているものだ。

守本尊の伝承については、本尊の木造地蔵像の胎内銘札に記されている。そこには天保年間（一八三〇～一八四四）の修復を示す銘札とは別に、元禄三年（一六九〇）の銘札もあったという。そこには、「大日本国相陽鎌倉扇ヶ谷村岩船之地蔵菩薩者当時大将軍頼朝公御息女之守本尊也…」と記されており、ここに示されている地蔵菩薩は、木造の地蔵菩薩とは別系のものと解されている。そうした点から「頼朝公息女守本尊」として例の須弥壇下の石像が推定されている。

その真偽は定かではないが、こうした伝承や伝説が江戸期に登場したのは理由があった。この地蔵堂の南側隣接地は大友屋敷だったからだ（『新編鎌倉志』）。大友氏の祖は中原親能《ちかよし》で、建久十年に死去した頼朝息女三幡《さんまん》（乙姫）の乳母《めの》夫《と》でもあった。そのため乙姫の死後、この親能も出家したことが『吾妻鏡』に見えている（「姫君ヲ親能ノ亀谷堂ノ傍ニ葬リタテマツル」建久十年六月三十日）。

このことから判断されるように、この岩船地蔵堂の近辺には、大友（中原）氏との関係から三幡（乙姫）伝説の素地もあったことになる。ただし、亀ヶ谷は政子が大姫の菩提のために建立した寿福寺も近いわけで、伝承・伝説から大姫の悲話が一般的であり、「頼朝息女」が大姫のことと理解されるようになったのだろう。

なお、この岩船地蔵堂については、二〇〇一年の解体新築工事にあたり、鶴見大学文化財学科が海蔵寺より保存修復作業の受託研究を請け負った。その石像は、堂内の壁板裏側の床下地面に直接すえられる所で見つかった。なかば崩れかけたその地蔵立像は上端が船形を呈し、凝灰砂岩（鎌倉石）製のもので、風化が激しく剝落した顔とともに、地蔵であることを示す錫杖を持つ手がわずかに判別できる程度だという（22頁参照）。その詳細については、大三輪龍彦他「岩船地蔵の保存修復について」（『鶴見大学紀要』40）を参照。

第二　頼朝の章――建久十年　春

1　政子と北条氏

「アサマシキ事出キヌ」
――頼朝死去

時代は政子を必要とした。といえば、いささか陳腐にすぎた表現だろう。が、実際に彼女は中世という時代に似つかわしい存在だった。

頼朝との出会い、これがすべてだった。そして頼朝もまた政子と出会うことで自らの運命を切り拓いた。頼朝夫人たる御台所《みだいどころ》となることで政子は時代に登場した。

政子の役割という点では、あるいは頼朝以後がふさわしいかもしれない。ただし、その生涯を規定したものは、頼朝と過ごした二十余年であったことはまちがいない。

大姫との関係に母の情《なさけ》が語られていたとすれば、頼朝との関係にあっては、御台所たる芯の強さが指摘できる。『吾妻鏡』その他にみえる政子像には、「強い妻」が登場する。

『大日本史』が「政子性妬忌ナリ、頼朝之ヲ畏憚ス」と指摘するのもうなずける。そのあまりにも直截的な感情の発露が、後世いささか嫌悪をもって喧伝されたようだ。

だが、考えてみれば当然すぎる彼女の行動には確固たる理由もあった。理不尽なことへの拒否だ。信念にも似たこの強さが政子をささえた。中世という時代が見出した「道理」という倫理観は、男性社会の独占物ではなかったのである。

彼女の魅力は、何事にもたじろがぬ強さだ。だが、頼朝の死は、強い政子にも動揺を与えた。「この時こそ限りなりけれ」とは、『承久軍物語』が伝える政子の詞だが、ここには苦楽をともにした夫を失った妻の悲しみが代弁されている。

建久十年（一一九九）正月の頼朝の死去は、政子にとっても唐突と思えるほどの「アサマシキ事」だった。死すべき時宜《じぎ》からいささかなりとも隔たりがあった。亡くなり方もふくめ頼朝の死には、そんな感が強い。

慈円の『愚管抄』は「カカル程ニ人思ヒヨラヌホドノ事ニテ、アサマシキ事出《いで》キヌ、同十年正月ニ関東将軍所労不快トカヤホノカニ云シ程ニ、ヤガテ正月十一日出家シテ、同十三日ニウセニケリト、……夢カ現《うつつ》カト人思タリキ」と語る。京都側にとっても、まさに「夢カ現カ」と思えるほどの衝撃だったろう。

佐殿《すけどの》とよばれた流人の時代。艱難《かんなん》をともにした旗挙げの時節。鎌倉殿として威信をそなえはじめた時期。そして東国の将軍として君臨した時代。いずれのときも政子は頼朝とともにあった。

治承《じしょう》四年（一一八〇）の挙兵からその死にいたる頼朝との二十年間は、まさに戦争と平和の時代だった。前半の十年はまさに戦乱の時期にあたる。対平氏戦から奥州合戦へとつづく内乱の十年といっていい。そして建久《けんきゅう》年間（一一九〇—九九）の後半の十年間は内乱終息後の新たな秩序が誕生した時代だった。

頼朝時代の二十年を総括すれば、こうした捉え方ができようか。年齢差からいえば十年の隔たりが

清和源氏略系図

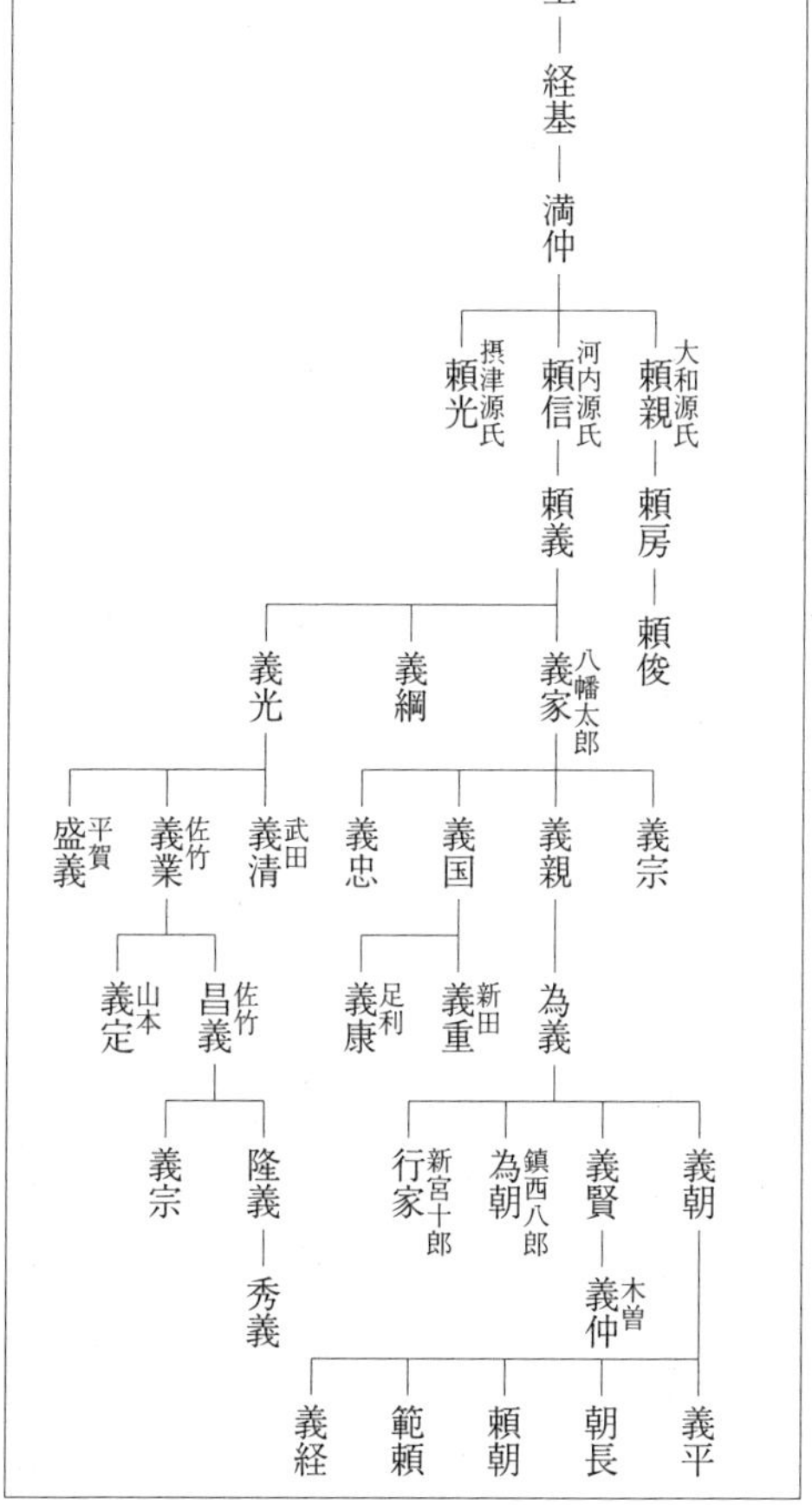

あった政子にとって、頼朝との二十年は苦難ではあったが、もっとも充実した日々だったろう。些細な波風はあったにしても、である。四人の子女を育み、御台所《みだいどころ》としての前半生がここにあった。いうまでもないが、政子が歴史に残した足跡はおそらく頼朝以後の尼御台《あまみだい》とよばれた後半生にあった。政治の局面で政子が鮮明に登場するのは、頼家、実朝、そして義時とのかかわりにおいてである。以下ではこの点もふまえ、若き日の政子も射程に入れながら、頼朝時代の御台所の姿を見ることとしよう。

政子の夢買い
――頼朝以前

時代は頼朝との出会い以前にさかのぼる。多分に説話的気分の内容だが、『曽我物語』につぎのような話が見えている。

政子に妹がいた。時子《ときこ》といった。ある夜に彼女は夢をみた。険しい峰に登り、日月を袖にし手にはたわわに実った橘を持っている。そんな夢だった。

この夢の話を聞いた政子は、妹の吉夢《きちむ》を自分のものにしようと、それを凶夢《きょうむ》と謀《たばか》り、夢の中身を人に語ると神罰に当ると脅した。不安がる妹に、政子は夢には移転の法というものがあり、売る者にも買う者にも禍は消えると説き、自分がその夢を買ってやろうと唐鏡と衣を持ち出す。

すると、その夜政子は白鳩が金の函《はこ》をくわえて来るという夢をみたのだった。朝になると頼朝からの恋文が届けられていたというものだった。

こんな内容のものだ。要するにウッカリ者の妹がチャッカリ者の姉においしいところをさらわれた類の話だが、政子という人物がデフォルメされた形で語られているようだ。政子の機を見るに敏であったことを想像させるような説話だ。ここには夢を買ってまで頼朝との契りを実現しようとするしたたかさが語られている。自分の人生を積極的に開拓した政子らしさが表現されている。

本当に夢買いをしたのかどうかは疑わしいとしても、政子ならばおかしくない、と人々に思わせるような描かれ方がおもしろい。

おそらくはこの説話が誕生した室町時代には、政子についてのイメージがほぼ定着していたと見てよい。夢買いの話ほど絵空事ではないが、これまた政子の性格を語る有名な話がある。『源平盛衰記』に載せるものだ。

伝源頼朝像（神護寺蔵・京都市右京区）

頼朝との出会いを運命として暗示するような物語である。父の北条時政が政子のために決めた伊豆国目代《もくだい》山木兼隆《かねたか》との結婚を破談し、頼朝のもとに走ったとある。

件《くだん》ノ娘兵衛佐《ひょうえのすけ》ニ志《こころざし》殊ニ深カリケレバ……兼隆ガ宿所ヲ逃出ニケリ……彼女ハ終夜《よもすがら》

『曽我物語』（鶴見大学蔵）

伊豆山へ尋行テ、兵衛佐ノ許ニ籠リニケリ（巻十八）

これは「文覚《もんがく》頼朝ニ謀叛ヲ勧ムル事ノ条」に見える。そこには、政子と出会う以前に頼朝が、伊豆の豪族伊東祐親《すけちか》の娘との間に男子をもうけた話も見えている。祐親が京都におもむいた留守の間のこととある。

「平家重恩《ちょうおん》ノ者」たる祐親は、帰館して頼朝の一件を知り激怒する。「商人修行者ナドヲ男ニシタランハ、中々サテモ、源氏ノ流人聟《むこ》ニ取テ、平家ノ御咎アラン折ハ如何《いかが》ハ申ベキ」と語り、郎等に命じ男子を殺してしまう。

当時の祐親のおかれた状況からすれば、やむを得ない措置なのかもしれない。平家への外聞《がいぶん》をはばかってのことだった。祐親の怒りは、娘が男と情を通じたことではなかった。相手が源家の流人頼朝であることが問題だった。「商人や修行者なら、まだ救いもある」との祐親のことばがこれを語っている。そして当の祐親は娘を「当国住人江間小次郎ヲゾ聟ニ取テケル」として、頼朝から隔離させ、あまつさえ頼朝の殺害をはかったという。

殺害についていえば『盛衰記』のこの話がまんざら虚構でもなかったことは、『吾妻鏡』に「先年ノ比《ころ》、祐親法師武衛（頼朝）ヲ度《はか》リ奉ラント欲ストキ」（治承四年十月十九日）と記されていることからも理解できる。

祐親も時政も、頼朝と情を通じた娘たちへの態度は共通していた。即座に頼朝以外の婿を取ろうとしたことだった。そして両者の違いは、父の意志に従った祐親の娘と、従わなかった政子ということになる。

右に見た『曽我物語』には、多分に誇張した内容が記されているにしても、政子の一面を伝えているようだ。

婚姻関係を考える

『源平盛衰記』や『源平盛衰記』での話は、中世という時代の婚姻関係を知るうえでも興味深い。このことを考える前に確認しておきたいことがある。

政子は「源政子」ではなく、あくまで「北条政子」あるいは「平政子」だったという平凡な事実だ。強い女であったことの過半の理由はこれによる。北条氏との関係が政子を終生規定していた。

生家の氏名を名乗ることがこの時代のならわしであったことからすれば、政子だけが特別ではなかった。政子は源家の一員とはなったが、自己の生家の構成者でもあった。

このあたりは後世のように夫の姓を名乗り、自らも生家から切り離された意識を強要される時代とは異なる。

政子が頼朝の死後にいろいろな局面で幕府の危機をすくう状況があるが、それは北条氏の危機にも直結したからであった。この点を確認しなければ、種々の彼女の行動も個人的な資質で終わりかねないだろう。

家の重み、父の決定、その大きさが想像以上であった中世のこの時代、政子は自らの意志で頼朝を選択した。

政子の選択は危険をともなった。北条という家をも没落させる可能性があった。同じ伊豆の家族ながら伊東祐親はこれを回避した。そして時政はこれに賭けた。政子・時政の賭けは危険も大きかっただけに配当も高かった、ということになる。

婚姻や家の話が登場したので、ここで伊東や北条といった当時の武士団の婚姻のネットワークについても述べておこう。先述の『源平盛衰記』の記事で婿取りの相手として政子には山木兼隆が、そして祐親の娘には江間小次郎の名が見えていた。

北条・伊東はもちろん山木でも江間でも、ここに登場する人物たちはいずれも地名が冠されている。本姓が平や藤原だとしてもこの十二世紀末には当該地域に根を張り、そこを拠点に所領を開発した領主たちだった。

武士たる彼らの実態は、このような土地に密着した領主（在地領主）だった。彼らにとっての関心は先祖から伝えられた所領を維持し、拡大することにあった。それ故に自己の家系にみあう規模の家々との結合が重要だった。

伊豆・相模あるいは武蔵などの諸地域に展開した武士団は、地域規模での開発所領にみあう形で、相互に婚姻関係で深く結ばれていた。

その点からすれば、時政が政子を山木兼隆と結婚させようとしたことも、祐親が頼朝と通じた娘を

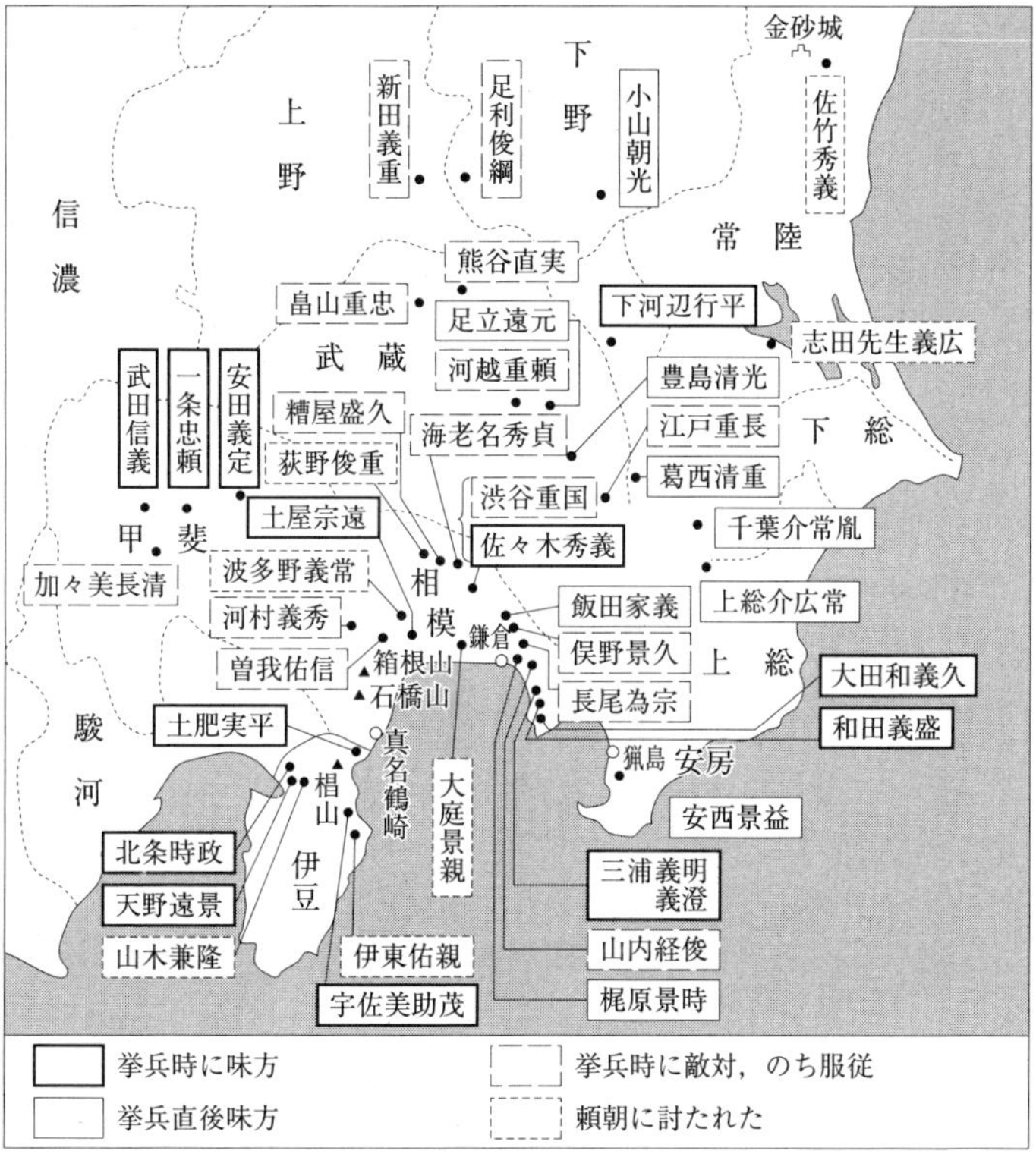

頼朝挙兵時の関東武士団分布図

江間小次郎なる人物に嫁そうとしたのも、武士団相互の婚姻ネットからすれば現実的な選択だった。

山木も江間もその地名から推測されるように、北条の地に近接している。この場合、江戸期の考証学の成果はとりあえず棚上げにするにしても、狩野《かの》川沿いの肥沃な平野部に存在した地域だった。江間は江馬とも表記され、北条義時《よしとき》が江間を名乗っており、祐親が婿とした人物も、あるいは北条の家系に位置していた可能性がある。

武士団相互の血縁関係からすれば、あり得ないことではない。このことは例の『源平盛衰記』に祐親の娘が、それぞれ三浦義連《よしつら》（『吾妻鏡』には義澄《よしずみ》）、土《と》肥《ひ》遠平《とおひら》と結婚していたことからも明らかだろう。

このうち三浦氏は三浦半島を拠点とした相模屈指の雄族で、頼朝挙兵の立役者としても知られる。東伊豆の伊東氏が海をはさみ三浦一族と血縁関係にあったことは、当時の武士団の血縁的な広がりを考えるうえで重要だろう。

土肥氏についても同様だ。相模の最西端を拠点にした同氏は、現在の湯河原《ゆがわら》から真鶴《まなづる》半島地域に勢力を持った一族で、遠平の父実平《さねひら》も頼朝挙兵時の功臣として知られている。

それでは政子の北条氏の場合はどうであろうか。

北条氏の血縁的ネット

頼朝との結びつきが、北条氏をして、伊豆の地方武士からの脱却を可能にさせた。政子はその限りでは、北条一門のキーパーソンだった。

北条氏が源氏との連携を深めたことで、その縁者に従来と異なる次元での婚姻関係が入ったことは事実だが、一方では在来の武士団との姻戚関係もあった。

政子をふくめた時政の娘たちの姻戚関係を示すと次のようになろうか。

時政
- 政子（源頼朝妻）
- 女子（足利義兼《あしかがよしかね》妻）
- 女子（阿波局《あわのつぼね》・阿野全成《あのぜんせい》妻）
- 女子（畠山重忠《はたけやましげただ》妻）
- 女子（平賀朝雅《ひらがともまさ》妻）
- 女子（稲毛重成《いなげしげなり》妻）
- 女子（三条実宣《さんじょうさねのぶ》妻）
- 女子（宇都宮頼綱《うつのみやよりつな》妻）
- 女子（坊門忠清《ぼうもんただきよ》妻）
- 女子（河野通信《こうのみちのぶ》妻）
- 女子（大岡時親《おおおかときちか》妻）

後妻の牧ノ方《まきのかた》との間の娘もふくめ十一名を数える。その内訳を婚姻相手からながめれば、おおよそ三つのグループに大別される。一つは政子の相手頼朝に代表されるような源氏グループ。ここには足利義兼・阿野全成・平賀朝雅の妻となった女子が含まれる。

二つは三条実宣や坊門忠清などの京都貴族の妻となった女子である。

三つが稲毛重成・畠山重忠・宇都宮頼綱・河野通信・大岡時親など、武蔵・下野・伊予・駿河の豪族層の妻となった女子だ。

このうち前二者は、北条氏の勢力レベルからは可能性の少ない婚姻関係であり、ひとえに頼朝との関係により形成されたものといえよう。

そしていうまでもなく、北条氏が有した力量から想定される血縁的ネットトは、三つめのそれだ。すでにふれた伊東氏との対比からも、この点は首肯される。（ただし、このうち伊予の河野氏や下野の宇都宮氏との関係は、北条氏の本来的婚姻勢力圏からはややはずれており、北条一門の政治力の上昇をうかがわせる）。

また、駿河国大岡牧の出身とされる時政の後妻牧ノ方との関係が濃厚な大岡時親のようなケースもあるが、北条氏の本来的婚姻圏からすれば、自然なのが武蔵の秩父氏の流れをくむ稲毛氏や畠山氏だろう。桓武平氏秩父氏流に属する彼らは、草創期幕府の有力御家人であり、北条氏にみあう立場といえる。

こうした細部の問題は別にしても、北条氏の血縁的ネットには頼朝との関係を軸とした流れと、旧来の北条氏独自の在地武士団系の流れの両者があったことが確認できよう。

それは政子の婚姻に内在する二つのタイプということになる。当初時政が選んだ山木兼隆を婿とする流れは、伊豆の在地武士の婚姻関係にもとづくもので、頼朝との関係は特殊な事情によるもう一つの流れということになる。

政子はその頼朝と結ばれることで、北条氏全体を歴史の舞台へと登場させたのであった。

頼朝が樹立した鎌倉幕府は、北条氏のような東国武士団を基盤にしていた。かれらは相互に血縁的婚姻関係を媒介に幕府の土台をなした。

別のいい方をすれば、幕府の基盤は頼朝の貴族性と東国武士の土着性の合体にあった。政子の存在は、まさにこの貴族性と土着性の媒介者たるところにあった。

女性としての彼女の役割は、頼朝と結ばれることで貴族性と土着性とを融合した点にあった。頼家そして実朝という源家将軍は、両者の結合の象徴ということができる。

2　鎌倉殿と御台所

御台所の誕生

『吾妻鏡』は政子を御台《みだい》あるいは御台所と指称する。いうまでもなく鎌倉将軍の妻たることの尊称である。

ちなみに大槻文彦《おおつきふみひこ》『大言海《だいげんかい》』には「〔御台盤所ノ略〕大臣、大将、将軍家、ナドノ妻ノ尊称。北ノ方。……」と説明する。したがって正しくは御台所の呼称は、夫の官職や社会的地位に対応するものだった。

この点『吾妻鏡』が頼朝の官職とは関係なく御台所の表現を用いたのは、後世の編纂物でもあり当然なのだろう。ただ、このような制度的な用法とは別に、「頼朝夫人」となった政子がそのように呼称されたことには理由がある。

つまりそこには当の頼朝が個人の存在を超え、東国武士団の首長の立場に就いた段階——一般にそれは「鎌倉殿《かまくらどの》」とよばれた――であることが前提となる。政子が御台所と呼ばれたのは、頼朝の鎌倉殿に対応したものと考えてさしつかえあるまい。鎌倉殿夫人への尊称として用いられたものだ。

要は鎌倉殿の誕生にみあう段階のよび方ということになる。

具体的にそれはいつのことか。ふさわしいということでいえば、挙兵後の治承四年（一一九〇）十二月あたりということになる。頼朝が新造の鎌倉大倉邸に入り、家人たちの移徙《いし》の儀が行われ、諸士が参列した旨の記事がそれだ。「新造ノ御亭に御移徙ノ儀アリ……凡ソ出仕ノ者三百十一人ト云、マタ御家人等同ジク宿館《しゅくかん》ヲ構フ、……東国皆ソノ有道ヲ見テ、推シテ鎌倉ノ主トナス」（『吾妻鏡』治承四年十二月十二日）とある。

八月に旗挙げした頼朝が石橋山《いしばしやま》で敗退、その後安房《あわ》へとのがれ房総半島を制圧し、十月には武蔵をへて相模の鎌倉に居を定め、その後、富士川合戦から常陸の佐竹攻めを終えて、ほぼ一段落した時期だった。

謀叛《むほん》の政権として東国に誕生した頼朝の権力が、一個の独立した政治集団として自己を主張した段階にあたる。「東国ノ主」として推戴された鎌倉殿の誕生の画期だった。

むろんこれを皮切りにさらなる政治性が付与され、真の鎌倉殿へと脱皮してゆくのだが、政治権力としての意味からすれば、右のような理解が妥当なところだろう。

御台所の誕生も、この時点がふさわしいことになる。政子は「東国ノ主」たる鎌倉殿の夫人となったのである。

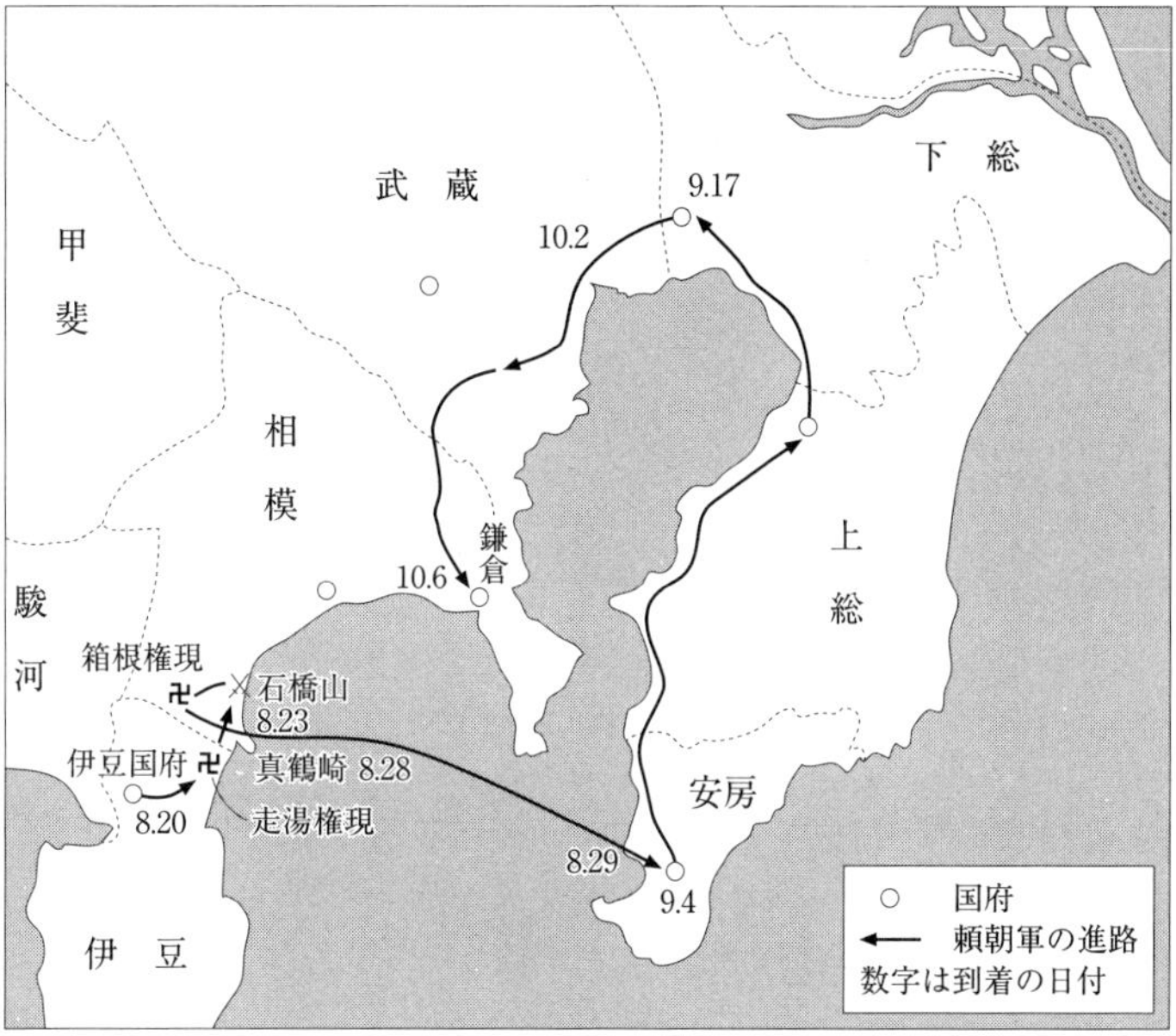

頼朝軍の進路図

ところで挙兵のころの政子については、その動向は定かではない。断片的ではあるが、『吾妻鏡』に顔をのぞかせる程度だ。それをつなぎ合せると次のようになろうか。

緒戦の山木攻めから石橋山合戦にかけて、政子は伊豆山《いずさん》にいたようだ。走《そう》湯権現《とうごんげん》として名高いこの地は、さきに紹介した『源平盛衰記』にも登場する。伊豆山の文陽房覚淵《もんようぼうかくえん》の坊に身をおき、戦勝を祈っていたらしい。八月二十四日の石橋山での敗報を知り、不安の日々をすごしたことだろう。真鶴を脱出した頼朝からの便りが、土肥遠平により届けられたのが九月二日のことだった。

夫の安否はかろうじて知り得たもの

の、時政以下のこと、あるいは敗走以後の事情については定かではなかった。『吾妻鏡』はその政子の心情を「悲喜計会ス」と語っている。

千葉常胤《ちばつねたね》や上総介広常《かずさのすけひろつね》の来援で房総を平定した頼朝が、相模鎌倉で政子と合流したのは、十月十一日のことだ。およそ二カ月ぶりの再会だった。

危機の共有と安楽の共有は別らしい。挙兵時の緊張が少しやわらいだころ、頼朝の浮気が発覚した。苦楽を共にしてきたはずとは、政子一人の思いだったのか。

鎌倉殿の女たち

挙兵後の緊迫した時勢が、頼朝・政子の夫婦のきずなを強めもしていた。誕生まもない関東の新政権は、多事多難な日々がつづいていた。頼朝の愛人騒動がおきたのは、そんなころだった。

政子二十六歳のことだ。寿永《じゅえい》元年（一一八二）六月というから、おりしも次子頼家を懐妊していたころである。

頼朝は「亀ノ前」なる女性を愛し、鎌倉の小坪《こつぼ》に招き寄せた。ここは小中太家光《こちゅうたいえみつ》の宅で、外聞をはばかってのことだった。その亀ノ前については「心操コトニ柔和」とあり、政子とは別のタイプの女性でもあったようだ。「豆州、御旅居ヨリ昵近《じっきん》」とあるので、挙兵以前からの関係であったことがわかる。「日ヲ追ヒテ御寵《ごちょう》甚《はなはだ》シ」とあり、この時期の頼朝の寵愛ぶりがうかがわれる。

そんなおり、さらに別の女性が鎌倉殿の心を奪うことになる。それは源氏の一門新田義重《にったよししげ》の娘で頼朝の兄義平《よしひら》の未亡人にあたる女性だった。伏見広綱《ふしみひろつな》を使者にたて艶書を通じたが、こちらの方は義重が政子に遠慮して情を通ずるにはいたらなかった。

このために義重は頼朝の勘気をこうむったことも見えている（『吾妻鏡』寿永元年七月一日）。おりもおり、政子が頼家の出産で比企ガ谷《ひきがやつ》の館に移ったころのことだった。頼家を出産した政子が、若君をいだき御所にもどったのは十月の中旬だった。

愛人亀ノ前の件が発覚したのは、その翌月のことである。亀ノ前はその時期、小坪から鎌倉よりにある飯島《いいじま》の伏見広綱の宅に移り住んでいた。愛人の一件を知った政子は、「殊ニ憤《いきどほ》ラシメ給《たまひ》」て牧三郎宗親《さぶろうむねちか》に命じて広綱の宅を破却させたという。広綱は亀ノ前ともどもここを脱し、大多和義久《おおたわよしひさ》の鐙摺《あぶずり》（逗子の南）の宅に緊急避難した（『吾妻鏡』寿永元年十一月十日）。

政子に亀ノ前のことを報じたのは、時政の後妻牧ノ方だった。義理の娘とはいえ、政子への同情か浮気者頼朝への義憤からなのか真意は定かではない。おもしろいのは、広綱宅を壊したのが牧ノ方の縁者だったことだ。宗親は牧ノ方の兄弟にあたり時政側に近い人物だった。

この事件を知った頼朝は激怒した。後日この宗親を召し出し髻《もとどり》を切るという恥辱を与えた。その時の頼朝のいい分がこれまたおもしろい。

御台所ヲ重ンジタテマツル事ニヲイテハ、モットモ神妙ナリ、タダシカノ御命ニ順《したが》フトイヘドモ、カクノゴトキノ事ハ、内々ナンゾ告ゲ申サザルヤ。（『吾妻鏡』寿永元年十一月十二日）

要は政子の命令とはいえ、事をなす前に内々に相談すべきだ、との発言だろう。色恋沙汰とはいえ、あまりにも理不尽と主張する頼朝の心情もわからぬわけではないが……。結果的には、この宗親への恥辱で、時政がヘソを曲げた。おそらくは牧ノ方への配慮からなのだろうが、時政は鎌倉を離れ伊豆の北条へと帰ってしまったのである。

旗挙げ以来、盟約を誓い合った義父の時政にとっては、北条一門の〝顔をつぶされた〟との想いも強かったにちがいない。

些細な愛人騒動ではあったが、頼朝が北条一門の磁場から離れ、「東国ノ主」たる鎌倉殿へと脱却するうえで、この事件の余波はそれなりに意味があったと思われる。

いささか感情に偏したとはいえ、頼朝は自分の意志に背いた家人を罰したのである。それが北条の身内かどうかは問題ではなかった。政子、牧ノ方そして時政の想いは、私人＝縁者の立場で頼朝を見ていた。こんなところではなかったか。

気の毒なのは亀ノ前とこれをかくまった広綱だった。意地になった頼朝は彼女をますます寵愛するが、政子の御気色《みけしき》を気にする亀ノ前は気が気ではなく、「ナマジヒニ以テ仰セニ順フ」という気分だった。そして広綱もこの年の春遠江国に追放されてしまった。「御台所ノ御憤リニヨッテナリ」（『吾妻鏡』寿永十二月十六日）と見えている。

この他にも頼朝は常陸介時長《ひたちのすけときなが》の息女で大進局と称した女性との間に、貞暁《じょうぎょう》をもうけている。貞暁はのちに仁和寺《にんなじ》に入った人物だが、この大進局との関係も政子の知るところとなり、政子の激怒をかっている（『吾妻鏡』文治二年二月二十六日）。大進局との一件は文治《ぶんじ》二年（一一八六）のことで、政子が次女の乙姫《おとひめ》（三幡《さんまん》）を身ごもっていた時期のことだった。

それにしても頼朝の好色を弁護するつもりはないが、冷血漢の代表のように思われている頼朝が、女性問題で頭が上がらない姿は何ともほほえましい。亀ノ前を愛しながら兄嫁にも艶書を送るあたりは福艶家たる頼朝のらしさが語られている。

勝長寿院の政子

頼朝の女性問題に、政子の気性の激しさが端的にあらわれている。それとは別の凜《りん》とした御台所の姿もあった。

例えば勝長寿院《しょうちょうじゅいん》の供養に列したおりの『吾妻鏡』の記事である。亀ノ前事件から三年がたっていた。念願の平家族滅を果たした文治元年（一一八五）のことだ。源家の菩提寺ともいうべき勝長寿院の完成も間近い時期だ。

西海からの戦勝報告は、その勝長寿院の立柱《りっちゅう》の儀においてなされた。あたかも平氏の滅亡に合わせたような立柱の日取りだった。頼朝がその威信をかけ造立にあたったこの寺院の完成は目前のことだった。

この時期、一つの政治事件がおきていた。義経との対立である。義仲を討滅し西海を転戦しつつ、その戦略的才をふるった「鎌倉殿代官」＝義経との対立だった。そうした状況で勝長寿院は完成した。

文治元年十月二十四日、政子はその落慶供養に御台所として臨んだ。この日のために入念な準備がなされた。選びぬかれた家人たちが鎌倉の辻々を警固するなか儀式は進行した。南御堂《みなみみどう》ともよばれたこの寺院には、父の義朝の尊霊が安置されていた。

「堂ノ左右ニ仮屋ヲ構フ、左方ハ二品ノ御座、右方ハ御台所ナラビニ左典廐《さてんきゅう》（一条能保《よしやす》）ノ室家等ノ御聴聞所《ごちょうもん》ナリ……山本ニハマタ北条殿ノ室ナラビニ然ルベキ御家人等ノ妻ノ御聴聞所アリ」と、『吾妻鏡』はその日の儀式の模様を伝える。

聴聞を受けるべき上座の左には頼朝が、そして右方には御台所たる政子と頼朝の妹（一条能保の室）の座が、しつらえられていた。さらに布施取《ふせとり》の座につづき、北条一族や主な御家人の妻の座が用意されていた。政子は二十九歳、御台所としても過不足ない年齢だった。

巳《み》の刻（午前十時）束帯姿の頼朝が歩儀で畠山重忠以下十四人の家人を従え、厳かに儀式が始まった。『吾妻鏡』はこの記事につづき、群参列席の主要御家人をあげ、供養の次第を細かく実況する。

鎌倉殿の威信をかけた落慶供養のなり行きを見まもりつつ、政子は苦節の歳月を思い起こしていたに違いない。同時に、流人から身をおこした頼朝が、鎌倉殿として尊崇を受けるにいたった栄光を妻としてかみしめていたことだろう。

頼朝と漕ぎぬいた日々をふり返りながら、安寧の今にやすらぎを覚えていたと思われる。だが、頼朝は政子と共通の思いをいだきつつも、解決しなければならない問題もあった。平家との戦いをおえた頼朝にとって、新しい懸案が生まれていたからだ。すでにふれた義経との戦いだった。それは一方では京都の王朝をまき込む可能性を秘めた戦《いくさ》でもあった。後白河院との連携を深めた義経が、兄との対立が決定的となった段階で頼朝追討の宣旨を与えられたのである。勝長寿院落慶供養の直前のことだ（『吾妻鏡』文治元年十月十八日）。

義経を危険視していた頼朝は、壇ノ浦合戦終了後から義経打倒のシナリオを準備していたようだ。文治元年の夏から秋にかけては、彼ら兄弟の息づまる対立の状況が『吾妻鏡』に克明に記されている。そうした状況下での落慶供養だった。

政子の個人的な思いとは別の〝政治〟が鎌倉をつつんでいた。儀式終了後の当日、このことが現実のものとなった。頼朝は帰館後、侍所の和田義盛《わだよしもり》・梶原景時《かじわらかげとき》に上洛の意志を伝え、義経追討軍の組織を命じたのだった。

「群参ノ御家人、常胤已下宗タル者二千九十六人」とあり、このなかから上洛軍が編成された。頼朝にとって亡父義朝の尊霊を供養する勝長寿院の場は、自身と源家に忠節をつくす家人たちの精神的結合の場だったのだ。義経追討の上洛軍を組織するために設定されたとさえ思われるこの落慶供養は、出陣の場へと変容した。

文治元年冬は、こうした意味で鎌倉政権の政治史のうえで大きな画期となった。いうまでもなく右の義経問題を機に鎌倉側は諸国の守護権を与えられる。一般に守護・地頭の設置とよばれるものだ。頼朝は義経追討のための軍事力を京都に派し、逃亡した義経の追捕を目的として、強大な軍事・警察権を与えられた。

謀叛の政権として誕生した鎌倉殿の権力は、ここに国家公権の一部（軍事権）を分与され、軍事権門としての地位を与えられた。

頼朝に付与されたこの政治的果実は、反乱に参加したすべての武士たちに共有させるべきものだった。後にもふれるように、政子が承久の乱のおりに御家人たちを前に語った内容には、京都の政権からのその果実（政治的成果）がふくまれていた。そうした意味では、文治元年（一一八五）という時期は内乱期のターニングポイントをなした。

3　妻の威信、母の威厳

「社壇ノ壮観」
——静の舞

内乱は鎌倉殿にカリスマ性を与えていった。そして御台所たる政子にも、また威信がそなわりはじめていた。非常なる日常が、政子を成長させた。そうしたなかで政子が、忘れかけていた〝想い〟を感じさせる出来事があった。すでに「大姫の章」においてもふれた、静御前との一件である。

義経逃亡後の文治二年（一一八六）、静は尋問のために鎌倉に送られてきた。あまりにも有名なこの話の全容をことさらに紹介するのも気がひけるが、政子を語るうえでは無視できまい。

白拍子《しらびょうし》静の妙技を所望した政子の申し出もあって、頼朝は嫌がる静を鶴岡八幡宮の廻廊に召し出した。再三の辞退も聞きとどけられず、静は舞曲を演じた。

吉野山峰の白雪ふみ分けて
　入りにし人の跡ぞ恋しき

しづやしづしづのをだまき繰り返し
　昔を今になすよしもがな

懸詞《かけことば》を巧みに織りなし、恋しき義経への思慕を素直に語った静の即興を、『吾妻鏡』は「誠ニコレ社壇ノ壮観、梁塵《りょうじん》ホトンド動クベシ、上下ミナ興感ヲ催ス」（文治二年四月八日）と語る。

これに強い嫌悪をおぼえたのが頼朝であり、共感したのが政子だった。以下で『吾妻鏡』のその部分を現代風にアレンジして再現しておこう。

まず頼朝は次のようにいう。

関東の万歳《ばんぜい》を祝うべき場にもかかわらず、反逆者たる義経への想いを謡うとは、奇怪至極。

他方の政子は、そんな夫の激怒を横目で見ながら、次のようにいう。

なんと情のない言い様でしょう。お忘れになったわけではありますまい。あなた様が伊豆にいらした流人のころを。この私との間に芳約がございましたが、父は平家の世でもあり時宜《じぎ》を怖れて、私を引き籠めたのです。しかし、あなたへの想いを捨てがたく、私は暗夜に迷いつつ、風雨を凌ぎ佐殿《すけどの》のもとにおもむいたではありませんか。

鶴岡八幡宮（神奈川県鎌倉市）

そして災禍の戦場に出陣なさったおりには、お申しつけどおり伊豆山に留まり、日夜不安で己の魂が消えるばかりでございました。そのときの心情はあたかも今の静の胸中と同じでございました。

予州（義経）殿との長い好《よしみ》を忘却し、慕る想いを棄てるようならば、これをどうして貞女といえましょうや。どうぞそうした彼女の心中をお察しなされて、幽玄なる妙技にいささかの心配りを賜わってほしいものです。

この政子の発言に、頼朝も若き時代の自分を想い出したのであろうか。「時ニ御憤リヲ休ンズト」と見え、静の一件は落着したのだった。『吾妻鏡』が語る右の場面は、政子を語るうえでのハイライトシーンとして語りつがれているものだ。鎌倉殿の威厳も、ここでは形なしといったところだ。しかし考えてみれば、政子の懇請で実現した舞だった。頼朝がここで不快を禁じ得なかったのも、当然といえば当然だろう。

にもかかわらず、政子の右の詞に真実を感ずるのは、男女の情愛の純粋さは、すべてにまさるからなのだろうか。政子が若き流人時代の頼朝に感じたあの思慕の念を、静はよみがえらせてくれた。

不惑の年齢をむかえた鎌倉殿に、愛の誠を伝えることで、政子は一瞬ではあったが自分と静を重ね合わせたのかもしれない。

政子らしさという点では、建久四年(一一九三)の富士野巻狩での話も有名だろう。先の静の一件ともども、必ずといっていいほど紹介されるものだ。

富士野巻狩の一件

懸案だった北方の王者奥州藤原氏は、義経をかかえ込むことで滅亡した。文治も五年目をむかえた秋のことだった。十年にわたる内乱はここに終わった。翌年年号は建久と改元される。この年頼朝は「東国ノ主」として、はじめて上洛を果たす。王朝の代表、後白河法皇に謁見し、去《こ》し方《かた》のさまざまが語られた。そしてそのおりに頼朝は権大納言《ごんだいなごん》・右近衛大将《うこんねのたいしょう》に任じられた。

王朝の権力との関係でいえば、例の文治元年の守護・地頭の設置につづく、これまた大きな画期であった。制度上の名称としての幕府の誕生は、この近衛大将就任の事実にもとづく。

その後十年にわたる建久の時代は、鎌倉と京都がおしなべて協調の時期を共有した。鎌倉殿の世界は細部を別にすれば順調に推移した。建久三年(一一九二)三月には、後白河法皇が崩じ、その後頼朝の征夷大将軍が実現する。さらに八月には実朝が誕生、政子も二男二女の母となった。

この年の暮れ、十歳となった長男の万寿《まんじゅ》(頼家)が疱瘡《ほうそう》を病んだ。都鄙《とひ》を問わず疱瘡が流行したらしいが、大事にいたらずにすんだようだ。翌建久四年の三月にはその頼家が由比浦で小笠懸《こがさかけ》を行っている。来るべき那須野と、それにつづく富士野での巻狩にそなえての予行演習だった。

いささか前置きが長くなったが、富士野巻狩の一件はその頼家に関係していた。前年来の後白河法皇の喪があけたこの時期、頼朝は大々的な巻狩を実施した。軍事的大演習のこの行事は、殺生を業《なりわい》とする武士にとって武芸の晴れ舞台だった。

鎌倉殿の後継者たる頼家も、これに参加した。というより頼朝にとってこの巻狩は、「武ノ家」たる源家の後継者を東国武士に認知させるための重要な行事だった。

四月、那須野での巻狩を終えた頼朝一行は、翌五月には駿河の富士野へとおもむいた。この富士野が頼家のデビューの舞台だ。北条時政を中心に伊豆・駿河の御家人たちに狩倉《かりぐら》の設置をふくめた準備が命ぜられた。

五月十六日頼家はみごと頼朝の期待にこたえた。「富士野ノ御狩ノ間、将軍家督ノ若公始メテ鹿ヲ射シメタマフ」と『吾妻鏡』にある。相模の愛甲《あいこう》三郎季隆《すえたか》の指南によるとある。この頼家の上首尾《じょうしゅび》を頼朝は大いに喜んだ。

すぐに頼朝は梶原景高を使者として御台所のもとに派した。むろん頼家の巻狩での成果を伝えたいためだ。しかし、政子の返答はいささか興ざめのものだった。

「武将ノ嫡嗣トシテ原野ノ鷹ヲ獲タルコト、アナガチ希有《けう》トスルニ足ラズ」と、いささか厳しすぎる詞を伝えた。たしかに、この政子の発言は正論だった。家督をつぐべき頼家への厳しい態度も、あえて母たる立場からの注文だったのかもしれない。

母として息子の武芸の練達ぶりがうれしくないわけはなかった。父たる頼朝と、母たる政子の情愛の表し方の違いなのだろう。

ただし、この頼家の一件については、もう少し深い考え方も可能だ。前年の建久三年は頼朝が念願の征夷大将軍に就任した年である。富士野巻狩は、その武威を内外に伝える演出であり、後継者の頼家の正統性を示す行為だった。頼家にとっても晴れの舞台であり、これは擬似的合戦の場に他ならなかった。巻狩において、武家の後継者たる資質を神に問うこと、ここに頼朝の真意があったとの見方もある。

この一件があった数日後、世に名高い曽我兄弟の仇《あだ》討事件が勃発した。頼朝の安否をめぐり不確かな情報が飛びかったものの、無事帰館した夫の姿に政子は安堵の思いをなしたことだろう。

「夢カ現カ」——頼朝の遺産

そんな頼朝との間に、避けられない運命が待ちかまえていた。頼朝の死は予想しない形でおとずれた。すでにふれたように長女大姫を失ってから、その悲しみがまださめやらぬ時期だった。

建久十年（一一九九）正月十三日頼朝は薨《みまか》った。五十三歳であった。死去の原因をはっきりと記したものはないが、『吾妻鏡』の建暦《けんりゃく》二年（一二一二）の二月二十八日条によれば、頼朝は建久九年（一一九八）暮れの相模川（馬入川《ばにゅう》）の橋の落成に臨み、帰路に落馬したことが原因で死去したとある。

還路ニ及ビ、御落馬アリ、幾程ヲヘズ薨《こう》ジタマヒオハンヌ。

不慮の災難にも似たその死をめぐり、後世、種々の臆説がなされるにいたった。それもひとえに、この時期（建久七～九年正月）の三年間の『吾妻鏡』の記事が欠けていることによる。ただ、『愚管抄』には「関東将軍所労不快」とあることや、『明月記』に「前右大将所労獲麟《かくりん》……大略頓病歟」とあることから、関係諸書を参ずる限り、病によることは動かないようだ。

『愚管抄』にはさきの記事につづけて、「夢カ現カト人思タリキ」とも語り、その死が内外に大きな影響を与えたことが確認できる。政子にとっても、頼朝の死はまさに「アサマシキ事」であり、「夢カ現カ」の想いであったろう。

頼朝には鎌倉殿としてやるべき仕事がまだまだ山積していた。「今年心シヅカニノボリテ、世ノ事サタセント思ヒタリケリ」（『愚管抄』）と死の前に京都の九条兼実《かねざね》に語ったらしい。頼朝は三度目の上洛を計画していたようだ。

ここにいう「世ノ事サタ」が何を意味したものか。むろん想像でしかないが、この時期の懸案の一つはやはり入内問題だったろう。大姫の死により頓挫《とんざ》したかに見えた入内問題ではあったが、ほどなく次女の乙姫（三幡）の入内も射程に入れていたようだ。

『吾妻鏡』にはこれを知る明白な証拠はないが、『愚管抄』には、すでに大姫の章でも紹介したように「京へ参ラスベシト聞エシ頼朝ガムスメ久クワヅライテウセニケリ」との大姫死去の記述につづけて、「頼朝コノ後京ノ事ドモ聞テ、猶次ノムスメヲ具シテノボランズト聞ヘテ」とあり、十四歳になる次女乙姫の入内話が進められていた模様だ。『尊卑分脈』にはその次女について、「蒙女御宣旨」と注記されていることも傍証となろうか。

『吾妻鏡』には頼朝の死去した直後あたりから、「将軍姫君」の病悩の記事が散見する。院宣が出され針博士丹波《たんば》時長《ときなが》の鎌倉下向が実現するなど、王朝側の配慮も考え合わせれば、入内についてはかなり具体化していたと想像される。しかしこの乙姫も大姫につづいて死去することになる。六月三十日のことだ。『吾妻鏡』は政子の落胆の様を「尼御台所御歎息、諸人ノ傷嗟記スルニ遑《いとま》アラズ」と述べている。

頼朝の死からわずか半年ほどで、政子は大姫につづき次女乙姫までも失ったのである。妻として母としてこれほどの悲運に見舞われるとは。政子の嘆きが行間から伝わってくるようだ。

建暦元年（一二一一）頼朝の墓をおとずれた鴨長明は次のように詠じている。

草も木もなびきし秋の霜消えて
　空しき苔をはらふ山風

朝幕関係を晩年の頼朝がどのように構想していたかは定かではない。が、建久六年の二度目の上洛あたりから、王朝との連携を強化する方向へと傾きつつあったようだ。二人の娘の入内方針は、そのことを雄弁に語るものだった。

これを鎌倉殿頼朝の変節ととらえるか否かは、もちろん見解が分かれるところだが、挙兵以後の二十年におよぶ歳月が、京都の王朝との関係に変化を与えたことはたしかだろう。

頼朝が果たそうとした政治は、その後どのように動いていったのか。政子に与えられた運命は、これとどう向き合うことになったのか。次章では頼朝死後の政子の姿を、頼家に焦点をすえ見ておこう。

頼朝の評価あれこれ

　頼朝の評価は、中世にあってはおしなべて高い。それは鎌倉期の『愚管抄』であれ南北朝期の『神皇正統記』であれ共通している。

　近世の頼朝評はその点でさまざまだ。判官贔屓《びいき》的気風が頼朝の人間性にまでつながり、酷評も珍しくない。数多くの史論・史評が登場した江戸期にあって、その代表作品が新井白石（一六五七―一七二五）の『読史余論《とくしよろん》』と頼山陽《らいさんよう》（一七八〇―一八三二）の『日本外史《にほんがいし》』だった。両者それぞれが江戸時代の前半と後半を象徴する史論とされる。

　『本朝通鑑《ほんちょうつがん》』や『大日本史』の編纂がなされた江戸の時代は、歴史への洞察が成熟さをました時代だった。白石や山陽の歴史思想の高揚もそうした背景があった。


　江戸の歴史家にとって、頼朝はどのように認識されていたのか。江戸幕府の盛期ともいうべき白石の時代は、現実の武家政権に射程が合わされていた。武家が肯定され、徳川政権への必然性が説かれた。『読史余論』にいう「九変五変」史観は、これを雄弁に語っている。「本朝天下の大勢、九変して武家の代となり、武家の代又五変して、当代におよぶ総論の事」がそれである。ここにあっては頼朝はもとより、義時もさらには尊氏さえも、武家政権の画期をなした人物として評価が高い。近代にいたり義時や尊氏に劣悪な評価がなされたのとは、対照的でさえある。

　肝心の頼朝に関しては、「守護・地頭など置く事のなからましかば、天下の乱止時《やむとき》あるべからず」と語り、頼朝による守護・地頭の施策を高く評している。さらにその政治家としての力量に関しても「自《おのずか》ら英雄の資あり」と語る。だが、その人物評は人倫道徳的基準に左右され、「極めて残忍の性ありて、猜疑の心深く」との指摘もある。

要は白石の史観には道徳的人物評と歴史の現実の「勢」による合理主義の二つが重なっている。白石の時代は武家＝幕府への絶対的価値が高かったことが大きい。

新井白石像
（京都大学総合博物館蔵）

その後、時代の推移のなかで過去への見方も変化が生じる。武家の自己認識の変化は近世後期の特色だった。簡略にいえば尊王意識の高揚だ。武権の相対化がなされるのである。

山陽の『日本外史』はその後に幕末気分を演出する大きな布石となったが、そこにあっては尊王も射程に入れての歴史意識が見える。「頼朝に至り、経営艱苦《かんく》して、大業を刱建し、以て天下の小康を致せり、而して僭踰《せんゆ》せず、その跡を恭順にす。……則ちこれ頼朝天下万民世のために已むを得ざるの事を創め、以て踰《こ》ゆべからざるの限を立つ」との一節に示されているように、その評価は高い。

ここにあっては白石と異なり、人倫尺度での評価は問題の外なのである。山陽の時代には人倫・道徳史観から解放されていた。政治的大義のため、個人の道徳的得失は、山陽にとって彼岸《ひがん》の問題でしかなかった。

難しい内容となっているが、ここで述べたかったのは、近世江戸期の頼朝の評価の背後にある問題なのだ。ここに見たように、白石・山陽ともども頼朝の評価は高い。

ところでそうした評価の高さは何を尺度にしたものだったのだろうか。

近世前期の白石は武家政権の絶対性と優位性のなかで〝武権の創始者たる頼朝〟に大きな価値を与えた。同時に人倫的尺度での低評価ももなっていた。皇室への評価にしても、後白河、後鳥羽さらに後醍醐への評は芳しくはない。王家の失政が武権の台頭をうながしたとの見方があったからだ。

江戸後期の山陽の場合、頼朝については同じく高評価、ながら、それは「名分の在る所、踰跳《ゆちょう》すべからず」との名分論が前提となっている。要は武家の創始者としての高評価ではなく、尊王という立場で王権に恭順した点にこそ力点があった。

この山陽的発想は、義時さらに尊氏への低評価につながる。彼らの行為が王権と対立し名分を無視した行為だったからだ。

以上、白石と山陽という江戸時代を代表する二人の史家の頼朝評を紹介してきた。そこに語られている種々の評価には、たしかに時代の差があった。道徳史観から名分史観へという流れのなかで、評価の基準にも変化が生じたということになる。

王政復古を標榜した近代明治期当初の歴史教育の場で、頼山陽の『日本外史』が多く用いられたとされるのも当然といえよう。

第三　頼家の章――元久元年　夏

1　尼御台の苦悩

頼家の不幸

ここからの課題は頼朝以後の政子である。尼御台《あまみだい》としての政子についてだ。まずは頼《より》家《いえ》時代の政子について見ておきたい。頼家が幽閉先の修禅寺で死んだのは元久《げんきゅう》元年（一二〇四）のことだった。頼朝の死去からわずか五年余り。政子四十八歳のことだ。大姫、そして頼朝、乙姫につづく長男頼家の死は、政子をより強くさせた。幾度かの試練が彼女をそのように成長させたのだ。だが他方では「鎌倉中にうらめしからぬものもなく、思ひ沈みし」（『承久軍物語』）との心情に政子をさせもした。

ここでは、その頼家と政子の確執を軸に論じたいと思う。頼家が十八歳で家督を継いだのは、頼朝の死の直後のことだった。具体的には、頼朝が残した政治的遺産をどのように継いでゆくのか。新た

源頼家像（修善寺蔵・静岡県田方郡修善寺町）

なる鎌倉殿の成長を見守ることも、母たる政子の役目だった。だが、この若き将軍に与えられた時間はあまりに短すぎた。

それにしても二代将軍の非道ぶりを指摘する『吾妻鏡』には、いささか頼家の虚像が見え隠れしている。北条氏サイドの、いわば勝ち組からの見方が投影されているようだ。たしかに、頼家には『承久記』も記するように「有若亡《うじゃくぼう》ノ人」とのごとき評価がつきまとう。

「父ノ業ヲ承《う》クルモ、負荷スルコト克《あた》ハズ、狎邪《かうじや》ヲ親信シ、人ノ妾婦ヲ奪フ、将佐、怨望《ゑんまう》シ、禍《わざはひ》、蕭牆《せうしやう》ノ内ヨリ起ル」（『大日本史賛藪《さんそう》』巻四）とは、江戸時代の代表的な頼家評だが、ここには『吾妻鏡』に描かれた頼家の悪評がそのまま踏襲されている。父の偉業におしつぶされ、悪評高き輩を近づけ、家人の妻を奪った頼家、そうしたことが多くの人々の怨みを買った、との書きぶりである。鑑戒《かんかい》史観からの尺度で人物を論じようとすれば、『吾妻鏡』に指摘されている頼家の逸話は、格好の材料だろう。

だが、それは真実なのか。

頼家へのぬき難い不信感が北条氏の立場で増殖されているとすれば、異なる光のあて方も必要かもしれない。二十二歳の無慚《むざん》なる死は、生まれながらの将軍に与えられた歴史の現実なのだが、政子にとってこの若き息子の死は何を意味するものだったのか、あらためて問わねばならない。

政子の冷徹さを云々する立場からは、幽閉された頼家の抹殺をも同意したかのごとき見方もあるようだ。しかし、この点については首肯しがたい。後にもふれるように政子の決断は、頼家の政治的更迭《こうてつ》の決定まででではなかったのか。おそらく、それ以降の不幸な死への関与は薄いのだろう。頼家の幽閉にしても苦渋の選択の結果だった。

頼朝の残した政治的遺産をどう守るのか、という一点での決断だったに違いない。ひるがえって、頼家の不幸は頼朝時代に封印されていた不満を自らの手で暴発させたことだった。制御装置となるべき御家人の結束が破れたことも大きかった。

以下の話では、政子が政治という場で将軍の頼家と向きあった数年間に焦点をあてたい。

このことは、頼朝死去後の幕府政治の内実を考える手がかりともなるからだ。

尼御台の期待と不安

頼朝の死後、政子は剃髪し尼御台となった。一つの時代が終わり、一つの時代が始まろうとしていた。建久十年（一一九九）正月二十六日、頼家は左近衛権中将《さこんねごんのちゅうじょう》にすすみ、頼朝の「遺跡《ゆいせき》ヲ続ギ……諸国ノ守護ヲ奉行セシムベシ」との宣旨が与えられ、二代目の源家将軍が誕生した。

この時期、京都では頼家とほぼ同世代であった後鳥羽上皇が院政をはじめた。

四十二歳の尼御台の身辺は多忙をきわめていた。二月には新将軍たる頼家の政所吉書始《まんどころきっしょはじめ》の儀があり、翌三月には頼朝の四十九日の法要がなされた。尼御台としての仕切りがものいう場面だった。その後、乙姫《おとひめ》の病状が悪化し、六月に死去したことで大姫につづいての入内問題は結局沙汰止みとなった。

そしてこの間の尼御台の大きな関心事は、やはり新将軍の風評だったはずだ。頼家は新将軍として有力御家人との協調に重きをおくことが求められた。幕下《ばっか》将軍（頼朝）路線の継承こそが、彼ら御家人の当面の意向だった。

その限りでは「東国ノ主」（鎌倉殿）が誰であろうとも、内乱での果実が正当な理由なくして奪われることは、許されない。そんなおり頼家の政治姿勢に関して一つの事件がおきた。頼朝の四十九日の法要が終わった直後の三月五日のことだった。後藤基清《もときよ》が罪科により讃岐の守護職を停められ、近藤国平《くにひら》がこれに補任《ぶにん》されたというものだ。

この場合、守護改補の罪科がどのようなものであったかは定かではないが、『吾妻鏡』はそれを「幕下将軍ノ御時ニ定メ置カル事ヲ改メラルルノ始ナリ」と述べている。

頼家は自己に与えられた「諸国ノ守護ヲ奉行セシム」との諸国守護権を行使することで、自身の存在証明とした。問題は改補されるに足る罪科の内容だろう。が、それ以上に問題なのは『吾妻鏡』がいささか非難がましく指摘した頼朝路線の変更だった。同じ月の二十三日、今度は伊勢神宮領の六ケ所の地頭職の停止《ちょうじ》にふみきった。

頼家は負託《ふたく》に答えるべく、自らの力量を発揮しようと努力した。ただし所領裁判に関する案件は利害がともなう。頼家の裁断にいささかの危惧の念を表明する佐々木盛綱《もりつな》のような宿老も出てきた（『吾妻鏡』建久十年三月二十二日）。

こうしたことが重なって、翌月頼家は親裁《しんさい》を止められた。北条時政《ときまさ》・義時《よしとき》・大江広元《おおえひろもと》・三善康信《みよしやすのぶ》・中原親能《なかはらちかよし》・三浦義澄《みうらよしずみ》・和田義盛《よしもり》・比企能員《ひきよしかず》・安達盛長《あだちもりなが》・足立遠元《あだちとおもと》・梶原景時《かじわらかげとき》・二階堂行政《にかいどうゆきまさ》など、重臣たちによる合議体制が決せられた。

集団指導ともいうべき方向がここに誕生する。頼家の反応はわからないが、この数日後に頼家の取り巻きたち（小笠原長経《おがさわらながつね》・比企三郎・同四郎・中野五郎など）への特待令が政所に指示された。鎌倉中で狼藉《ろうぜき》をはたらいたとしても彼らに敵対してはならない、というものだった。近習《きんじゅう》たちは御家人の第二世代ともいうべき人々だった。乳母関係の比企氏をはじめ、騎射の指南で近仕した小笠原氏や中野氏など信濃方面の御家人の顔ぶれもあり、頼家自身が新しい人脈を求めての結果だった。

何か行動するにしても、頼朝の先例を一義とする方向に、頼家が反発を持ち始めたことも理解できなくはない。だがしかし、あまりにも拙速《せっそく》すぎた。組織の軛《くびき》から逃れる方策を懸命に模索しようとした結果でもあった。頼家の若さがかたくなに柔軟なる修正を拒み、宿老たちとの間に溝をつくることになった。

頼家の政権は新しい政策を断行しようとする勢力と、頼朝以来の宿老勢力との対抗のなかでスタートした。尼御台の不安はましていった。そんなおり頼家は決定的ともいえる不祥事をおこしてしまった。

母のいましめ

その事件は乙姫死去後の間もないころにおきた。頼家が安達景盛の妾《しょう》を奪い、これを怨んだ景盛を逆に誅殺《ちゅうさつ》しようとしたのだ。

色好みという点では父の頼朝も同じではあったが、御家人の妻を奪うとなると穏やかではない。その間の事情を『吾妻鏡』は次のように語る。

七月十日伊勢国より室重広《むろしげひろ》なる人物の狼藉が報告され、頼家はその鎮圧を安達景盛に命ずるが、当の景盛はこれを拒みつづけた。日頃より景盛の妾への頼家の邪心を感じていたためだった。だが、父盛長が三河国の守護職を保持している関係で、不本意ながら下向せざるを得なかった。

その間に頼家は実力行使に出た。「日来《ひごろ》色ヲ重ンズルノ御志禁ジガタキニヨッテ、御書ヲ通ゼラル」とあることからすれば、以前から機会をねらっていたのだろう。しかし「アヘテ以テ諾《だく》シ申サザルノ間カクノゴトシ」ということらしいが、これが事実だとすれば弁解の余地はなさそうだ。

一カ月後、鎌倉にもどった景盛は事の成り行きに唖然としたに違いない。己の愛妾は強引にも頼家のものとされたのだ。景盛の怒りは当然だった。

にもかかわらず頼家が景盛に成敗を加えようとしているとの風評に接した政子は、ついに頼家を諫《いさ》めることを決意する。将軍としての立場や面目を保ってやることを承知しつつも、頼家の軽はずみな行為が御家人たちの怨嗟《えんさ》を醸し出すことへの危惧だった。この鉾先をどう収めるか。その役割ができるのは、やはり母たる政子をおいて他にはいなかった。政子は頼家に次のように諫言《かんげん》したという。

幕下が亡くなって幾程もなく姫君を失い悲嘆にくれているなか、戦闘を好むのは如何なる所存なのか。そのようなことは、乱世の原因ともなりましょう。とりわけあなたが成敗しようとしている景盛は、故幕下将軍以来の功臣の家系のはずです。もし景盛に正当なる罪があるならば、この母に申してから罰すべきでありましょう。事情を問わず誅するようなことがあれば、定めし後悔することになりましょうぞ。それでもなお罰を加えようとするなら、この私がまず矢に当たりましょう。

（『吾妻鏡』元久元年八月十九日）

そして翌日、政子は景盛にも野心なき旨の起請文《きしょうもん》を書かせ、これを頼家に伝え、再度つぎのように訓している。

昨日景盛を誅しようとした行為は、誠に楚忽《そこつ》（軽率なこと）の至りです。あなたの今の態度を思うに諸国守護の権を全うできると思われません。政道を省《かえり》みず色におぼれ、人の謗《そし》りを招く行為ばかりが目立ちます。また近仕の輩は邪佞《じゃねい》の連中ではないか。故幕下は源氏の一門や、わが北条一族を重く用い芳情を施され、相談相手とされたが、今日ではそうした人々への配慮は全くなく、あまつさえ実名で呼びすてるような態度は、あなたのために恨みをのこすことになりましょう。したがって今後は細心の注意を払って行動することこそが肝要です。

（『吾妻鏡』元久元年八月二十日）

口語風に意訳すると、右のようになろうか。母の立場から頼家への切々とした諫言ということになろうか。ここに語られた中身には真実に近いものがあったろう。そこには息子と向き合う母の姿があった。

それにしても、母と子でありながら、この埋めがたい溝は何であったのか。このことに気づいていたのは、他ならぬ政子自身であったのではないか。これを確かめるためには、いささかの回り道だが、やはり頼家の生い立ちにも目を向けなければなるまい。

乳母父の周辺

母として頼家に語った諫言の内容には、北条氏出身の政子の立場が反映している。「北条ハワガ親戚ナリ、ヨッテ先人シキリニ芳情ヲ施サレ、常ニ座右ニ招カシメタマフ」と見える。しかし頼朝の死後、北条氏の威光は低下していた。

頼家にとって北条はたしかに母の実家ではあったが、それ以上のものではなかった。彼がその点で最も頼りとしたのは、乳母父《めのと》としてその後見《こうけん》にあたる比企《ひき》一族だった。

頼朝は嫡子頼家の養育をこの比企氏に託していた。かつて同氏が頼朝自身の乳母夫であった関係からだった。頼家の出産が比企邸でなされていることから（『吾妻鏡』寿永元年七月十二日）、頼朝は比企氏を嫡男の養育係とする考えを早くに持っていたと思われる。系図に示す比企一族の婚姻関係を参考にすればわかるように、河越・平賀・安達といった有力御家人との血縁関係を持っていた。

この関係者系図を見るかぎりでは、北条氏はほとんど登場していない。ただし、平賀《ひらが》朝政《ともまさ》の妻に時政の娘がいるが、これとて後妻牧ノ方との間の娘であり、政子からみれば薄縁ということになる。

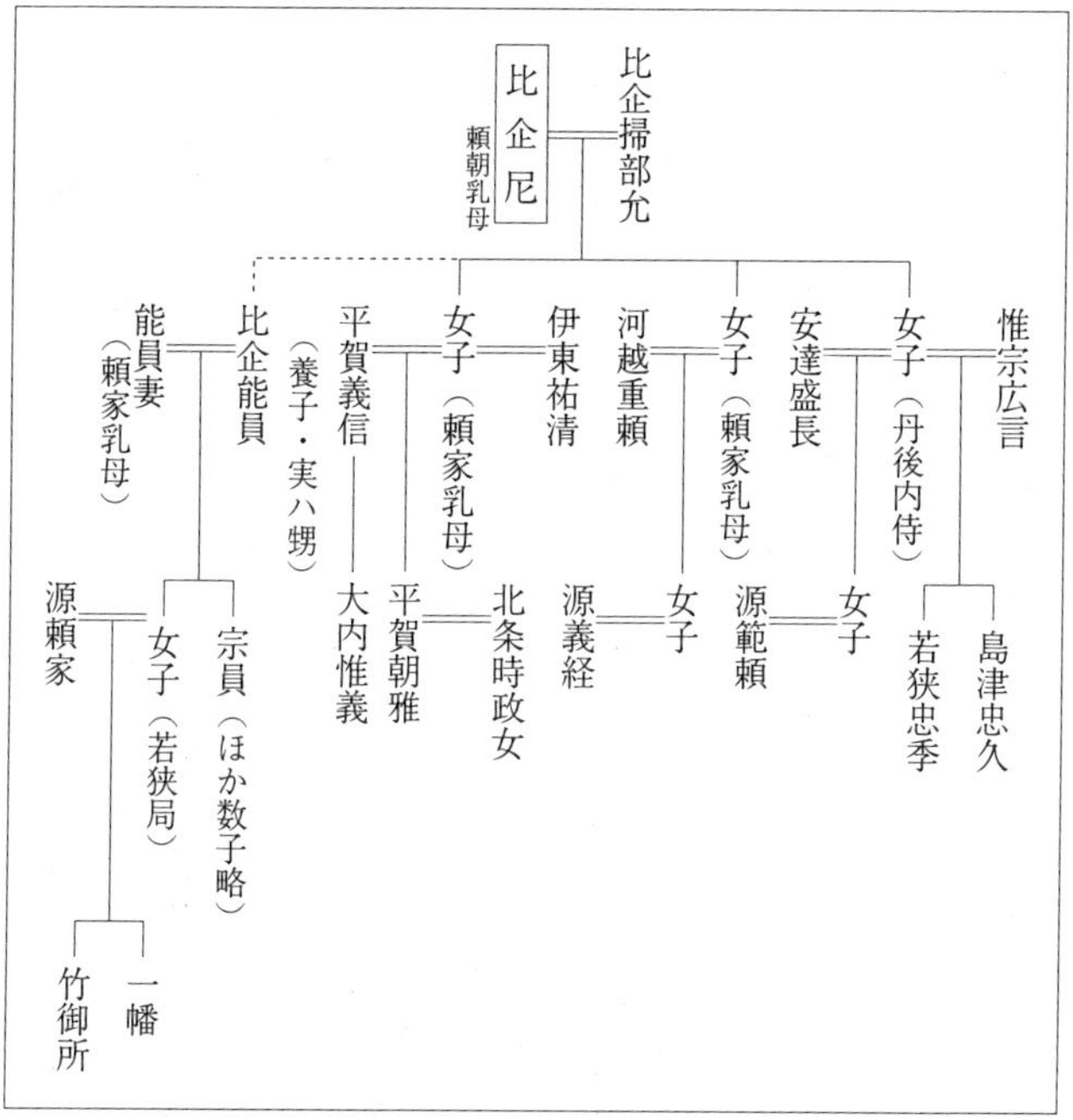

比企尼関係者系図　吉見系図・宇都宮系図などによる
（福田豊彦・服部幸造『源平闘諍録』講談社学術文庫より）

当時、乳母父関係の結束力は強く、そのことは比企尼が流人《るにん》時代の頼朝を物心両面にわたり世話していたことからもわかる。そうした点で頼家が母の実家北条氏よりは、この比企氏に親近感を持っていたことは明らかだった。

政子が景盛事件のおり「邪《じゃ》佞《ねい》ノ属」と指弾した頼家の取り巻きたちのなかに、この比企ファミリーが入っている。それは、あたかも、頼朝が政子の実家北条氏に配慮したのと同じだった。頼家もまたその妻の実家と一族を引級《いんきゅう》し取り立てたのである。

北条氏の浮沈はこの頼家との関係にある。玉《ぎょく》たる頼家が比企氏の掌中にあるとすれば、北条の希望はその弟千幡《せんまん》（実朝《さねとも》）ということになる。実朝はきっちりと北条氏が握った。政子の妹阿波局《あわのつぼね》が乳母になり、その夫阿野全成《あのぜんぜい》が乳母夫になっている。

頼朝と政子の二人の男子は、それぞれ比企氏・北条氏を乳母父関係に持ったことで、抗争の火種を宿す結果となった。これは権力争奪の縮図でもある。要は相互の玉の磁場が反発し合い、潰し合う構造だ。後に起こる頼家と実朝のそれぞれの悲劇は、玉としてかつがれる不幸にあった。

いささか話が先ばしりとなったが、政子が母として頼家を説諭した背景をなすものは、必ずしも頼家のためのみではなかった。北条氏のためでもあった。政子も人の子、卓越した胆力の持ち主という偶像のみで、イメージするのは危険でもある。北条一門の勢力維持を当然考えていたことになる。

政子と頼家との間に介在するのは、右に指摘した乳母父問題だった。頼家政権の誕生後の最初の有力御家人の抗争事件——梶原景時失脚事件——も、その背後にあるのは乳母父関係であった。

2 「関東ノ安否」と政子

梶原事件のあとさき

頼家の乳母夫としてもう一人重要な人物がいた。梶原景時である。景時には正・負両面の評価がつきまとうが、概して頼朝時代の有能な御家人《ごけにん》だったことは疑いない。

鎌倉の梶原を拠点に勢力を拡大した一族は、頼朝の信任も厚く比企氏と同じく乳母夫に抜擢された。抜群の政治的センスで上総介広常《かずさのすけひろつね》や源義経の失脚に一役も二役も買ったといわれている。嫡男頼家の乳母夫として関係を持つことで、権力への乗り換えも順調に見えた。

その景時にも没落の時がおとずれた。例の安達景盛の事件から二カ月後の正治元年（一一九九）十月、景時が「結城朝光《ゆうきともみつ》が新将軍に謀叛の気持ちを抱いている」と讒訴《ざんそ》したことが、御家人の間に知れわたり、彼らの反撃に遭うことになる。有力御家人六十六名が結束し、景時に対して「文治以降、その讒により命を落としたり、失脚した人々は数えられないくらいだ」との弾劾文をつきつけた。乳母父たる景時にとって、新将軍への忠節を示威するには、朝光の讒訴は絶好の機会だったろう。しかし以前からの景時の信望のなさが、この一件で表面化したのだった。頼朝時代には、封印されていた不満が噴出した。「二代将軍家ノ寵愛ニ誇リ、傍若無人ノ威ヲ振ヒ、多年ノ積悪ツヒニソノ身ニ帰スルノ間、諸人向背《きょうはい》ヲナスナリ」（『吾妻鏡』正治二年正月二十八日）と『吾妻鏡』は伝える。

六十六名もの連署による景時の弾劾には、頼家としても救いようがなかった。頼家は景時に陳弁を求めたが、何らの申し開きもできず、十二月に至って幕府は景時の追放を決めた。

景時ガ事、諸人連署状ニ就キテ、日来連々沙汰ヲ経ラレ、ツヒニ今日鎌倉中ヲ追ヒ出サル。

（『吾妻鏡』正治二年十二月十八日）

追放された景時は翌年の正月、相模一宮にあった自己の所領に城郭をかまえ、京都におもむき謀叛を企てたとの風聞により、幕府の追撃を受け敗死した。

「一ノ郎等ト思ヒタリシ梶原景時ガ、ヤガテメノトニテ有ケルヲ、イタク我バカリト思ヒテ、次々ノ郎等ヲアナドリケレバニヤ、ソレニウタヘラレテ、景時ヲウタントシケレバ、景時国ヲ出テ京ノ方ヘノボリケル道ニテウタレニケリ」と、『愚管抄』にも景時失脚事件の経緯が簡略に語られている。

頼朝に対してと同様な手法により、若き鎌倉殿の信任を勝ち得ようとしたのだったが、結果的には足元をすくわれてしまった。それは別の見方をすれば、景時の抜け駆け的行為（乳母父の立場を利用しての、讒訴による裏切り）への批判でもあった。

景時の失脚は、「第一ノ郎等」として名を馳せた人物でさえ、頼家は護ることができなかったことを意味した。同時にそれは、有力御家人たちを無視しての将軍の独裁が、もはや現実性を持たぬことを頼家につきつけることにもなった。

将軍一年目の数々の事件は、頼家の敗北でおわった。すでにふれたように将軍就任直後の宿老十三名による合議制は、御家人たちによる主体的運営の最初の試みであった。集団指導体制による新将軍の盛り立てという側面はあるにしても、頼朝時代には考えられない御家人勢力の台頭だった。この流れが本格化すれば、頼家がこれに反発するのも当然ということになろう。

頼朝の建久年間が概して公家の王朝勢力との調和のなかで政治が進んでいったのに対し、頼家の時代は、その頼朝的ベクトルとは異なる方向に作用しはじめる段階だった。カリスマ性を帯びた鎌倉殿の方針とは別個の意志が、動き出した。乙姫の死にともなう入内問題の消滅は、頼朝路線の変更を余儀なくした。景時の失脚がそのことと直接関係するか否かは不明だが、御家人勢力の結集のなかで、京都政界にも顔がきいた景時的存在は、意義を失いはじめていた。

景時は右のような政治の潮目の変化を敏感に受け取っていたが故に、頼家の舵取りに積極的になろうとした。それが反発を招いた。

ちなみに、景時は親頼朝派の中心として、王朝勢力との提携を推進しようとしていた可能性も否定できない。景時がその敗走にさいし京都を目ざし逃亡した理由も「日来ノ芳約ヲ恃《たの》ミ、源家ノ旧好ヲ重ンジテカノ武衛ヲ以テ大将軍ニ立テントス」（『吾妻鏡』正治二年一月二十八日）とあるので、あるいはそのあたりがカギかもしれない。

いずれにしても、若き頼家に対京都構想などあるはずがない。この時期以降、幕府権力が公家政権への妥協的態度をすててゆく傾向が強まるのは事実だった。

頼朝政権から頼家政権への転換は、幕府の対京都政策に少なからぬ影響を与えたはずだ。

尼御台の気配り

政子は多忙だった。正治二年（一二〇〇）の正月十三日導師の栄西《えいさい》をむかえ頼朝の一周忌がとり行われた。法華堂でなされたその儀には、「諸大名群参シテ市ヲナス」なかで尼御台としてこれに臨んだ。

栄西に政子は、清浄結界の地として亀ヶ谷《かめがやつ》の地を寄付した。寺院建立のためであった。閏二月のことだ。この地はかつて頼朝の父義朝が屋敷をかまえていたが、平治の乱の義朝の敗死後は、岡崎義実《よしざね》がその菩提を弔うべく草庵を結んでいた。

源家ゆかりの地でもあるこの場所に政子は、寺院（寿福寺《じゅふくじ》）の建立を思っていたようだ。岡崎義実は挙兵当初の石橋山合戦のおり、その息子佐奈田与一義忠《さなだよいちよしただ》を戦闘で亡くすほどの忠節の武士だった。

この義実が政子を訪ねてきた。亀ヶ谷に寿福寺の造営が開始された翌月のことだった。齢八旬をすぎ鳩杖をつきながらの訪問に、困窮の様がにじんでいた。涙ながらに窮乏を訴えるかつての老将に政子は生計《たつき》のための一所を施したという。義朝・頼朝そして義実と、亀ヶ谷の地にかかわる諸縁を想いおこしながらの尼御台の配慮だった。

気配りという点では、次のようなこともあった。梶原景高《かげたか》（景時の子）の妻への所領安堵である。景高の妻は、かつて政子に仕え「御寵愛比類ナシ」といわれていた女性だった。一族の没落後、失意に沈んでいた彼女に、尾張国の野間《のま》・内海《うつみ》などの本領が安堵されている。この地は頼朝時代に政子の懇請もあり、与えられていたものだった。

「女性《にょしょう》タリトイヘドモ、其ノ仁タルニヨツテ」（『吾妻鏡』正治二年六月二十九日）というのが理由だ。かつて近仕した女房らの所領安堵には、尼御台からの強い要請があったのだろう。政子のそれなりの気配りが、こんなところにも見える。

この時期、実家の北条氏にとって喜ばしい出来事があった。父時政の遠江《とおとうみ》守就任である。源氏一門以外の受領（国守）は、頼朝時代にはあり得ないことだ。他の御家人に比べ北条氏の躍進を語ることがらだった。

広くいえば、それは官職において源家の一門と同じ地位についたことを意味した。頼家が比企一族との関係を強めるなか、北条氏の地位にいささかの翳《かげ》りが見えはじめていた時でもあり、時政の遠江守就任のニュースは、政子にとっても嬉しい知らせだったろう。

官職の重みは、現代のわれわれの想像を絶する。義経と頼朝の対立もこの官職問題に一因があった。頼朝の時代、官職の就任はすべてその推挙によっていた。鎌倉殿に一本化され、その窓口をへることでしか御家人の朝官補任はなかった。むろん御家人でありながら王朝貴族の侍であるケースなど、種々の例外はあるが、原則は右のようであった。

頼朝によって示された東国の結束は、右のルールが作用していればこそだった。王朝との関係での調和路線とは、そうした〝住み分け〟を前提とした。相対的自立ともいうべき頼朝の路線の背後にあるものは、自立と協調だった。

他方、王朝側にとっては、武家側の自立志向を弱めることこそが望まれる。官職という制度が鎌倉を骨抜きにすることに最も警戒の念をいだいた頼朝が死去した現状にあって、王朝的秩序への組み込みは、まさに右の官職付与によりなされた。

時政の遠江守就任という事実は、一面では喜びなのだが、そこには武権の相対的自立を危うくする可能性もあった。

頼家の挫折——「人ノ愁、世ノ謗」

頼家が将軍となって二年が過ぎた。前年の十月には従三位《じゅさんみ》左衛門督《さえもんのかみ》に叙せられていた。

船出の当初からの舵取りも思うに任せない新将軍が、政治への熱意を失ったとしても無理はない。正治も三年目をむかえたこの年の二月、年号は建仁《けんにん》と改元された。この年は、頼家が自身の無聊《ぶりょう》をなぐさめるために蹴鞠《けまり》にもっとも熱を入れた時期だった。頼家の鞠会《まりえ》の記事はそれこそ枚挙に遑《いとま》がないほどで、その精進《しょうじん》ぶりは、都からわざわざ鞠足《まりあし》の名手山柄行景《やまがゆきかげ》をよび寄せるほどだった（『吾妻鏡』正治三年九月七日）。巻狩《まきがり》もまた頼家の好むところであり、行動的な一面をうかがわせる。その巻狩のためだろうか。頼家は犬を飼い近習にこれを「結番《けちばん》」させたことが見えている。

頼家の暴走は変わらず目立っていた。偉大なる父からの解放が頼家の行動の源泉となっていたのだろうか。前年の五月にはこんなこともあった。陸奥国葛岡郡新熊野《いまくまの》社領の境相論《さかいそうろん》のおり、提出された絵図の中央に自ら筆で墨線を入れ、「所ノ広狭ハソノ身ノ運否ニ任スベシ」（『吾妻鏡』正治二年五月二十八日）との裁断を下したという。相論での所領の大小は、当人の運次第というのだから、大変である。

同じようなことがあった。頼家は政所に命じ諸国の田文《たぶみ》（田地の所有や面積が記された土地台帳）を取り寄せ、御家人が武功で入手した新恩の領地について、五百町を限度とせよと命令を出した。これを越えたものは没収し、無足（土地なしの者）の者に与えるというものだ。一見なるほどと思わせるこの措置も、実際には無足の近習への給与であり、かかる場当たり的な発案について、「スデニ珍事ナリ、人ノ愁、世ノ謗、何事カコレニ如《し》カンヤノ趣……宿老殊ニ周章ス」（『吾妻鏡』正治二年十二月二十八日）との批判の言辞が見える。

こうした出来事で、頼家は有力御家人たちとの溝を深めていった。「少しおちゐぬ心ばへなどありて、やうやうつはものも背きにぞなりにける」と『増鏡』（「新島守」）の頼家評からも、これをうかがうことができる。

頼家にとって都ばやりの蹴鞠は、大いなる興味となった。三日とあけずに鞠会が催された。見かねた北条泰時《やすとき》が近仕の中野能成《よししげ》を呼び出し意見をしたこともあった。

蹴鞠に情熱を傾けることは結構なことだが、先ごろには台風で鶴岡の宮門も倒壊し、国土が飢饉の状況でもあり、そんなおりに京都から放遊の輩を呼び寄せるのは、いかがなものでしょうか。あなたは将軍のお側に仕える身でもあり、機会あればこの旨を伝えて下され。

（『吾妻鏡』建仁元年九月二十二日）

頼家とほぼ同年齢の泰時からの苦言に、頼家は将軍としていささか色をなした。意訳したが、右の泰時の諫言はいささか出来すぎの感があるようだ。泰時の優等生ぶりの発言に後世の泰時伝説にともなう『吾妻鏡』的脚色もある。諫言の直後に伊豆に下向し、百姓たちの撫育《ぶいく》に専念する記事など、あまりに頼家の非道ぶりと対比的に描かれすぎてはいないか。

いずれにしても、頼家が人望を失いつつあることは疑いなかった。政子の再度の忠告がなされたのは建仁二年の正月二十九日のことであった。蹴鞠のために中原親能《なかはらちかよし》の亀ガ谷の宅に向かうおり、政子

蹴鞠図『古事類苑』遊戯部（神宮司庁蔵）より

は次のように忠告した。

> 源氏の遺老ともいうべき新田義重《にったよししげ》が過日亡くなって幾日も経っていないなかでの御興遊は人の誇りを貽《のこ》すことになりましょうぞ。おやめなさい。

母は強し、である。頼家も不本意ながら思いとどまったとある。宿老の忌中の遊楽など、もっての外との政子の発言はもちろん正しい。が、それにしてもである。二十一歳をむかえた頼家に対し干渉が過ぎるような気もする。母としての配慮が、そうした態度をとらせたようだが、頼家には頼家の立場もある。

母の想いと息子の立場、それぞれに言い分があろう。多感な少年期に政子は母として向き合うことが少なかった。尼御台となったいま、頼家の悩みを汲みとるだけの時間が残されていなかった。

それでもこの建仁二年の時期は、頼家と政子はそれぞれの立場で両人にとって最も充実した日々であったかもしれない。

政子は頼家の招きで一度ならず蹴鞠の宴に足をはこんでいる。鞠足《まりあし》として誇らし気に蹴り上げる息子の姿を目にしたにちがいない。頼家が同情を寄せる都からの舞女微妙《びみょう》の芸を、母子ともども見たこともあった（『吾妻鏡』建仁二年三月十五日）。そして頼家はこの年の夏、従二位征夷大将軍の地位についた。頼家没落まであと一年が残されていた。

「関東ノ安否、コノ時ナリ」――比企氏事件

頼家の更迭がなされる建仁三年は、不吉な託宣で始まった。正月二日に将軍家の若君（一幡）が鶴岡へ参詣したおり巫女《みこ》を介し次のような御託があった。すなわち、今年中に関東においては事件があり、若君は家督を継ぐことが出来ず、それはあたかも岸上の樹木の根枯れを気付いていないが如きであると。

将軍家の今後を暗示するような話だが、『吾妻鏡』では大きな事件の前には、概してこうした予兆を語る場面が少なくない。その点では、右の話も後になって比企氏事件との脈絡から創り上げられた可能性も高い。かりに正月の段階でこうした託宣があったとすれば、反頼家派の策謀という見方が自然だろう。

いずれにしても、この年の八月、頼家は将軍の座を失う。春以来の断続的かつ深刻な病状が大きく左右した。この頼家失脚と深い関係にあったのが比企能員の事件だった。北条氏のこの時期における

最大のライバル比企氏が時政の挑発で滅亡したのだった。

頼家政権は梶原景時事件に始まり、この比企氏事件で終わるとの見方もできるはずだ。いずれもが頼家の乳母父であったことが共通する。とりわけ後者の比企氏事件は、その後の北条氏の執権体制の樹立に最も大きな画期をなした事件ということができる。と、同時に尼御台政子の動きが、この事件を左右したともいえるほどに大きかった。

以下では『吾妻鏡』や『愚管抄』などを参じつつ、事件の経過を簡略に整理しておこう。

建仁三年夏、頼家の病状が悪化した。富士の人穴を探検させたことへの神罰とも風聞されていた。八月二十七日に危篤の報に接し、将軍職相続の評議がなされた。日本国総守護職と関東二十八カ国の地頭職を頼家の長子一幡《いちまん》に、関西三十八カ国の地頭職を頼家の弟千幡（実朝）に譲るという内容だった。この譲与案に不満をかくさなかった比企能員を『吾妻鏡』は「独歩ノ志ヲ挿《さしはさ》ム」と語る。

この相続が「叔父姪戚《しゅくふてっせき》不和ノ儀」となることは、人々が予想したところでもあった。九月二日、能員は頼家の室若狭局を介し病床の頼家に事の次第を報じた。千幡への地頭職分与は将軍の権力の二分につながり、「乱国ノ基《もとい》ヲ招ク」と説き、実朝の乳母父たる時政一族の討滅を能員は要請した。

頼家は能員を病床に招き、北条打倒の許可を与えた。が、その密事は政子を介し時政に知れるところとなった。「尼御台所、障子ヲ隔テテ密カニコノ密事ヲ伺《うかが》ヒ聞カシメ給」とあり、この一件を使者に託し政子は時政に伝えたとある。

この報に接した時政は先手を打ち、大江広元の支持を取りつけながら能員を名越《なごえ》の時政宅に招き、そこで誅殺しようとしていた。造立された薬師如来の供養に事寄せての謀殺だった。能員側では時政の招きに疑心を持つが、「仏事結縁ノタメ」として能員は向った。

だが、周到な用意で迎えた時政は能員を討ち、その一族を一幡ともども比企ガ谷《ひきがやつ》の館に襲撃した。刻々と事態が推移するなか、政子も断を決した。「尼御台所ノ仰セニヨッテ、件ノ輩ヲ追討センガタメニ、軍兵ヲ差シ遣ハサル」とある。

「雲霞ノゴトク」と形容されるほどの兵で比企一門を族滅させたのだった。

戦闘が終わった九月三日には一幡の死が確認され、比企氏与党の処罰が決せられ頼家の側近たちもこぞって処分された。事件後奇跡的に回復した頼家は、事態の変化に驚きつつも時政討滅の旨を和田義盛に命じたが、失敗におわった。

紆余曲折のすえ、無力となった頼家は七日、不本意ながら出家させられる。以上が建仁三年八月から九月初旬におきた出来事のあらましだ。

『吾妻鏡』サイドからは、まさに比企能員の「謀叛」という流れでの叙述ということとなろう。政子はといえば、この謀叛を鎮圧したキーパーソンとして描かれている。頼家の更迭については、政子と時政の共同意志がはたらいたのだろう。人望を失いつつあった頼家をその任に堪えないと判断、病を理由に鎌倉から退けたというのが大筋だろう。

しかし、歴史の叙述は勝者によって語られることからすれば、すべてを鵜呑みにもできまい。ちなみに、比企氏事件の顚末は慈円の『愚管抄』にもそれなりに書かれている。「母方ノヲヂ北条時政、遠江守ニ成テアリケルガ聞テ、頼家ガヲトト千万御前トテ頼朝モ愛子ニテアリシ、ソレコソト思テ、同九月廿日能員ヲヨビトリテ……一万御前ガアル人ヤリテウタントシケレバ」と見えている。そこには明らかに時政の謀叛としての色彩で指摘されている。

能員の婿に糟屋有季《かすやありすえ》がいたが、その娘は一条高能《いちじょうたかよし》（能保の息子で大姫の縁談の相手にもなった）に嫁し、京都との関係を持っていた。比企氏事件ではこの糟屋氏も比企氏に加担しており、『愚管抄』の情報には、北条氏に反感をもつ者からのものもあったようだ。

比企能員の館跡，妙本寺（神奈川県鎌倉市）

こうなると真相は藪の中という他はない。が、北条側が頼家重態の危機に仕掛けたと見る方がやはり自然だろう。比企氏側がたとえ相続に不満だとしても、家督が一幡に決定したことで能員の優位は変わらない以上、あえて北条討滅の危険を冒すことはなかったのではないか。

やはりここは、時政側からの挑発に分がありそうだ。とすれば政子の「障子ヲ隔テテ」云々も何とも怪しい話ということになるが……。

このあたりの穿鑿は尽きないが、ただし政子の役割という点で、決定的に大きかったのが比企氏攻撃にさいしての「尼御台所」の御家人たちへの命令だったろう。北条対比企という構図の背後に、実朝対頼家のそれがあったことはもちろんだとしても、これに加担する鎌倉御家人にとって、誰の命令に従うのかという点が重要だった。

頼家は病床にあった。この権力の空白に正当なる形で、あるいは明確なる態度で指示できる主体が尼御台たる政子だった。頼朝の妻として、頼家そして実朝の母としての判断。これが御家人たちの行動の基準となったに違いない。

大袈裟にいえばまさに「関東ノ安否」はあげて政子にかかっていたということになる。

3　母の決断と頼家の不幸

政子の選択

頼家の不幸は、その若さにあった。年齢もさることながら、政治の場での未熟さにあった。何度かふれたが頼朝の政治的遺産には二つの路線があった。いわば東国独立路線と王朝協調路線だ。この両者が頼朝時代は均衡を保っていた。

四捨五入論でいえば頼朝の二十年間は前半の内乱期にあっては前者、後半の建久年間は後者の路線ということになろう。晩年の頼朝の大姫・乙姫の入内方策はその王朝協調路線の産物ということができる。

頼朝の王朝との提携は御家人の総意ではなかった。貴種性の持つ危うさに危惧を表明した上総介広常の誅殺は、それを物語っている。東国出身の御家人たちの多くは、独立路線への傾きが強く、頼朝自身が内在的にもっていた協調路線とは方向性を異にしていた。

大江広元・三善康信などの京都出身者が、政権内部に参画しているのは、そうした頼朝の意志の反映だった。

頼朝の独裁は二つの路線を調和させることで成立していた。そのため、頼朝の死は政権内部に微妙なる不安を与えることとなった。頼家の不幸は何よりも、未完で終わった頼朝の政治を、どのように受け継ぐべきかという用意がないままに鎌倉殿の立場についたことだった。

頼家の前には「独裁」か「合議」かという御家人との関係における選択、そして「独立」か「協調」かという王朝との関係での選択があった。つまりは以下の四つである。

①将軍独裁——王朝路線（協調）
②将軍独裁——東国路線（独立）
③御家人合議——王朝路線（協調）
④御家人合議——東国路線（独立）

最晩年の頼朝が目指したのは、いうまでもなく①の路線ということになる。頼家が対王朝戦略にどのような意志を持っていたか不明だが、その独自性を示威する性向が強い青年将軍は、②の方向を意識した可能性が高い。だが、②の方向は、御家人の信頼が不可欠だった。東国政権としての精度がもっとも高いものだったろう。

ところで、幕府政治を俯瞰《ふかん》すれば、右に示した四つの路線は、実は頼朝以後の大局を示していることに気づくはずだ。④の段階は承久の乱後の東国の政権の帰着したところだろう。北条執権体制を軸とした東国路線である。そしてその前の③は実朝の政治に象徴される方向だろう。とすれば、この③への転換が①および②に対する反動から登場したものであることにも気づくはずだ。

生まれながらの将軍だった頼家は、父の背中を見つづけた。家人たちを畏怖させるにたる威厳をそなえた鎌倉殿の存在を見て育ったのである。だが、二十年の歳月の中で彫磨《ちょうま》された頼朝のカリスマ性を、頼家がそのまま継承できるはずはなかった。

政子が新将軍への不満を耳にするにつけ、頼家の独裁への志向が将来何をもたらすか、充分に理解していたに違いない。御家人たちの離反と内部抗争が関東の秩序への脅威となることも知っていたはずだ。

すでにふれたように、宿老たちによる合議制の登場は、東国が勝ち獲った頼朝の政治的勝利を永続的なものにするための選択だった。当初この合議の方向は、緊急避難的な流れで登場したものだった。いずれかの時期での頼家の復帰も視野に入れての決定だったに違いない。

だが、現実にはそのようには進行しなかった。

頼家幽閉
――落魄の将軍

頼家が比企氏事件でその権力基盤を失った段階で、その敗北は決定した。実朝へと権力が移譲されたことで、頼家の鎌倉での場所は失われたのだ。権力闘争に敗れた以上、頼家は権力や権謀がうず巻くこの地から去らねばならない。

また、去ることで自身の政治への我執からも解放される。そんな判断もあって政子は頼家に出家をすすめた。例外状況への決断だった。心ならずも出家に同意した頼家はその後、伊豆の修禅寺へと配された。建仁三年九月二十九日のことである。『吾妻鏡』はその様子を「左金吾禅室《さきんごぜんしつ》（頼家）、伊豆国修禅寺ニ下向セシメタマフ……先陣ノ随兵百騎……後陣ノ随兵二百ナリ」と伝えている。

頼家にとっては、まさに理不尽極まりない幽閉だったにちがいない。死の淵から生還後、頼みの綱とした比企一族は滅亡し、後継者の一幡さえ殺された。頼家は憤懣をいだきつつ、伊豆へとおもむいたことだろう。かつてこの地から父の頼朝は謀叛の政権を立ち上げ、そして頼家は同じ伊豆へと幽閉されることになった。二十数年の歳月の運命の皮肉を最も強く感じたのは政子だったろう。

伊豆の頼家から母のもとに書状が届けられたのは、その後一カ月をへた頃だった。この間、新将軍たる実朝は征夷大将軍に任じられ、元服や政所始の儀がすすめられた。政子もまた頼朝の追善供養など、尼御台としての立場での日々が過ぎていった。

十一月六日に到着したその書状には「深山ノ幽棲、今更徒然《つれづれ》ヲ忍ビガタシ」としたためられ、かつての近習者の参入の許可とともに、安達景盛への「勘発」の所望の旨も載せられていた。

これらの件についてはは幕府の沙汰としてすべて否定され、三浦義村《よしむら》が伊豆に使者として派遣された。

現在の修善寺（静岡県田方郡修善寺町）

十日にはこの義村が修禅寺からもどって、政子に頼家の様子を報告している。「尼御台所スコブル御悲歎」とは、落魄《らくはく》の果てに閑居したわが子の姿を思い浮かべてのことだった。

あけて建仁四年三月、年号は元久《げんきゅう》と改元された。その七月頼家はついに幽閉先の修禅寺で死去する。二十三歳だった。「伊豆国ノ飛脚参着ス、昨日（十八日）左金吾禅閤、当国修禅寺ニヲイテ薨《こう》ジタマフノ由、コレヲ申ス」と、『吾妻鏡』はその死をさり気なく伝える。

ただし、その五日後の二十四日の条には、頼家の御家人たちが配流先で「謀叛ヲ企ツ、縡《こと》発覚スルノ間……コレヲ誅戮《ちゅうりく》セラル」とあり、伊豆の頼家との共謀を恐れて主従ともども殺害したとも解される。

ちなみに頼家の死が暗殺であったことは、『愚管抄』の記述からも疑いないようだ。

元久元年七月十八日ニ、修禅寺ニテ又《また》頼家入道ヲバサシコロシテケリト聞ヘキ。トミニエトリツメザリケレバ、頸ニ緒《を》ヲツケ、フグリヲ取ナドシテコロシテケリ。

その暗殺にはてこずったらしく、頼家の頸に紐などを回し陰嚢《いんのう》（ふぐり）をつかんでの殺害だったようだ。

おそらくは禍根を断つために、時政が指示したものだろう。『愚管抄』によれば、頼家暗殺の前年に、義時のところにいた一幡が殺されたことが見えている。比企氏とともに滅亡したとする『吾妻鏡』とは異なる記事であり、これが事実だとすれば、一幡殺害と頼家の暗殺は連動していたことになる。

政子がこの頼家暗殺を知っていたかどうかこれまた不明である。知っていたとすれば、その非情さに驚く他はないが、そう思いたくないのも人情だ。知らなかったという方が多分に文学的ではあるのだが……。

失意のわが子に涙する政子もいれば、非情さを知りつつも権力と向き合わなければならない政子もいた。そしてそのいずれもが政子の顔だった。

「打ツツキ左衛門督殿ニ後《おく》レ申シ」（『承久記』）た政子は四十八歳になっていた。

伊豆の頼家と『修禅寺物語』

伊豆の出湯の里、修善町、ここに頼家が幽閉された修禅寺がある。「この里に悲しきものの二つありけり範頼の墓と頼家の墓と」と正岡子規の直截な歌が思い浮かぶ。

　戦国期北条早雲が隆渓繁紹《りゅうけいはんじょう》を迎え曹洞宗としたが、当初は名僧蘭渓道隆《らんけいどうりゅう》が来往し臨済宗の寺として、それまでの修善寺を修禅寺と改めたという。空海の創建と伝えるこの寺に頼家が幽閉されたのは、建仁三年（一二〇三）のことだった。修禅寺の対岸の桂川の塔の峰の麓に頼家供養塔はある。

　苔生《む》した楕円の大石には「征夷大将軍左源頼家尊霊」の文字が刻まれている。幽閉のすえ謀殺された頼家の無念さが、修善寺の地には漂っているようだ。

　かつてこの地を訪れた岡本綺堂《きどう》（一八七二―一九三九）は新井旅館に滞在し、戯曲『修禅寺物語』を書き上げた。明治四十一年のことだ。ご存じの読者も多いはずだ。

　あらすじはこうである。

　病床の頼家と若狭局（比企能員の娘）が比企ケ谷方面から立ちのぼる煙で、北条側の攻撃を知る。一幡を亡き者とされた頼家夫妻は失意のうちに伊豆に出立するが、途中の三島社の社前で若狭局も絶入してしまう。孤独のうちに修禅寺におもむいた頼家は、やがて塔の峰の麓に住む一人の女性と知り合う。頼家は桂と名乗ったこの女性の理知的風貌と美しさにひかれた。

　桂の父は夜叉王《やしゃおう》という著名な能面の面《おもて》師であった。都から故あってこの坂東へと下り、この地で桂と妹の楓《かえで》を育てあげていた。やがてこの夜叉王に頼家から作面の依頼があった。自分の面体《めんてい》を形見にしたいとのことだった。夜叉王は幾度となく面作にいそしむが、満足のゆく面が得られなかった。催促する頼家の怒りで、桂は父の夜叉王の不本意なる面を差し出す。

　それなりの出来映えと面を手にした頼家は不首尾の理由を問うと、夜叉王はいくら打っても頼家の面には死相が出るのだという。それでも頼家は夜叉王の製作した面に満足し、これを所望し、あわせて娘の桂の近仕を申しつける。

頼家供養塔
（静岡県田方郡修善寺町）

　かくして頼家に近仕した桂は、死別した若狭局の名乗りを許される。だがこの両人に不幸がおとずれる。北条側から金窪行親《かなくぼゆきちか》以下が頼家暗殺のために差し向けられる。警戒した頼家だったが、湯殿において襲われることになる。

　修禅寺の早鐘が撞《つ》き出され、異変を知った夜叉王のもとに夜陰にまぎれ娘の桂が傷を負い逃げ込んでくる。全身血をあびたその手には頼家の面が握られていた。頼家の身替わりになり面をつけての奮戦で桂もここで最期をむかえる。

　以上がこの作品のストーリーだ。頼家と若狭局、さらに桂との情愛を軸に、面師夜叉王の真《しん》摯《し》なる態度と頼家との会話の模様、さらに頼家襲撃にさいしての北条氏への頼家の思惑などが随所に散りばめられた内容となっている。

　なぜか桂川を渡り、頼家の供養塔を前にすると、虚構ながらこの『修禅寺物語』の情景が頭に浮かぶ。

第四　実朝の章――建保七年　春

1　尼御台と執権体制

実朝《さねとも》との十五年、政子が共有したこの期間のさまざまを述べることが、ここでの課題である。頼朝以後の幕府政治は難局をともなった。カリスマ性の喪失による権力基盤の動揺である。北条執権体制の成立までの状況は、動揺した権力基盤の再整備の過程でもあった。

実朝時代の尼御台

二代頼家そして三代実朝という源家将軍の時代は、他方で北条氏の台頭の時期にあたる。そうしたなかで政子の役割も大きかった。存在としての尼御台《あまみだい》の大きさだ。頼朝室にして将軍家の母、さらには北条氏との血縁という重なり合う関係が、政子自身に政治的資質を与えていった。

その政治性についていえば、頼家時代にあっては幕府内部での調整的役割が顕著だった。頼家《よりいえ》への諫言《かんげん》、比企《ひき》氏の制御をはじめとする東国政権内部での諸問題に直接・間接にかかわっていた。二代将軍の更迭・幽閉という政治的判断も、この尼御台の決断によるところが大きかった。

源実朝木像（金剛寺蔵・神奈川県秦野市）

そして三代将軍実朝の時代には、幕府内部での調整にくわえて、京都との交渉が比重をます。政治家たる政子の片鱗がこの時期たしかな形であらわれてくる。武家の代表として王朝との折衝にもかかわるにいたった。二度にわたる上洛はそうした政子の政治性を語るものだろう。

さらにいえば、後鳥羽上皇との交渉をつうじ、皇族将軍の可能性を打診することで、源家将軍以外の選択肢を準備するなど、実朝時代の政子に関しては語るべき内容も豊かだ。弟の北条義時《よしとき》を執権にすえ、北条氏体制を堅固な形に導いていった。

この時期の政子が直面した問題は、対王朝関係のみではなかった。頼家時代の梶原氏や比企氏などの諸事件につづき、実朝時代には畠山重忠《しげただ》そして和田義盛《よしもり》といった有力御家人の騒動も勃発した。草創期の有力御家人の没落が、北条氏の覇権確立に大きな意味を持ったことはまちがいない。これらすべてに政子が絡むわけではむろんないが、陰に陽に北条支援の政治的環境の整備を怠らなかったことは重要だろう。

また、右に指摘した内外の政治的課題とは別の心配も政子にはあった。病弱なる実朝への不安だった。大姫・乙姫そして頼家の三者を亡くした政子にとって、最後に残された実朝は彼女自身の生きる縁《よすが》でもあった。母たる政子の配慮も『吾妻鏡』には散見する。

以下では、この実朝時代の政子を語ることで、右に指摘したさまざまな出来事について考えてゆきたいと思う。

新政権の垸飯——時政の栄光と没落

剝《む》き出しの武力ともいうべき比企氏事件で、頼家の時代は幕を閉じた。十二歳の新将軍実朝の補佐に当たったのは政子の父時政だった。時政の政治的地位は頼朝の死後着実に上昇した。すでに指摘したように、頼家時代における遠江守補任はこれを示している。

実朝の将軍就任は時政時代の到来を語るものとなった。このことは『吾妻鏡』に見える垸飯《おおばん》役の記事からもたしかめることができる。

「垸飯」とは「椀飯」とも表記され、人を饗応する意で、家臣が主君を饗応して主従の結びつきを強める行事でもあった。元来は公家社会の儀式だったが、武家にあっても年初の儀式として定着していった。

したがってこの垸飯役をつとめる御家人は将軍との親密度によるわけで、単なる儀式を超えて、そこには現実の政治関係が反映されている。次頁の表は『吾妻鏡』に見える頼朝・頼家・実朝時代の垸

垸飯役御家人

	年　号	月 日	垸飯役の御家人		年　号	月 日	垸飯役の御家人
頼朝時代	治承4年	12.20	三浦介義澄	頼家時代	正治2年	1.1	北条時政
	治承5年	1.1	千葉介常胤		〃	1.2	千葉介常胤
	〃	6.13	千葉介常胤		〃	1.3	三浦介義澄
	〃	6.19	三浦介義澄		〃	1.4	兵庫守大江廣元
	元暦元年	10.6	千葉介常胤		〃	1.5	八田左衛門尉知家
	文治2年	1.3			〃	1.6	相模守大内惟義
	文治4年	1.6	足利上総介義兼		〃	1.7	小山左衛門尉朝政
	〃	3.21	梶原平三景時		〃	1.8	結城七郎朝光
	文治5年	9.12	工藤小次郎行光		〃	1.15	佐々木左衛門尉定綱
	建久元年	11.5	前右馬助藤原朝房	実朝時代	元久2年	1.1	遠江守北条時政
	建久2年	1.1	千葉介常胤		〃	1.3	千葉介成胤
	〃	1.2	三浦介義澄		承元5年（建暦元年）	1.1	相模守北条義時
	〃	1.3	小山右衛門尉朝政		〃	1.2	前大膳大夫廣元朝臣
	〃	1.5	宇都宮左衛門尉成綱		〃	1.3	小山左衛門尉朝政
	建久3年	3.23	大多和三郎		建暦2年	1.1	相模守北条義時
	建久4年	1.1	千葉介常胤		〃	1.2	前大膳大夫廣元朝臣
	〃	7.10	長江・大多和の輩		〃	1.3	小山左衛門尉朝政
	建久5年	1.1	上総介足利義兼		建暦3年	1.1	前大膳大夫廣元朝臣
	建久6年	1.1	上総前司足利義兼		〃	1.2	相模守北条義時
	〃	1.2	千葉介常胤		〃	1.3	武蔵守北条時房
	〃	1.3	小山左衛門尉朝政		〃	1.4	和田左衛門尉義盛
					建保元年	12.21	民部大夫二階堂行光

※他の垸飯役の記事も散見するが，人名が見えない場合は除外した。
※正月以外の記事は臨時的儀式のおりのものが多い。

飯役をつとめた御家人のリストである。この一覧でもわかるように、時政が垸飯役として登場するのは、頼家以降ということがはっきり理解できるはずだ。

頼朝時代にあっては、時政は登場していないのである。頼朝時代には、三浦義《みうらよし》澄《ずみ》・千《ち》葉《ば》常胤《つねたね》・足利義兼《あしかがよしかね》などが立ち替わりこれを務めている。いわば固定した氏族による垸飯役の独占はなかった。それは別のいい方をすれば、頼朝による対御家人政策が力の均衡に由来していたことを示している。

北条氏が頼朝時代の垸飯役に登場しない意味について、これを岳父たる時政に対する頼朝の遠慮と解する立場もある。垸飯役に従事することは、明確に家臣の位置になることを意味したわけで、政子との関係からこれを敬遠したとの理解だ。ただし、これとは別に頼朝時代の北条氏を強大には評価できず、時政が垸飯役に登場しないのは、その端的なあらわれとする考え方もある。

いずれの解釈にしても、頼朝死後の北条氏は明確な自己主張を始める。時政の垸飯役デビューはまさに頼家時代となった最初の年、すなわち正治二年(一二〇〇)の新年のことであった。頼朝時代に垸飯の主役だった千葉・三浦は、二日・三日の垸飯となっている。明らかに主役が替わったのである。だが、この時期の時政が垸飯での地位ほどに盤石であったわけではない。比企一族のこともあり、頼家との関係は不安を残していた。

時政の垸飯役は、その後実朝擁立後の元久《げんきゅう》二年(一二〇五)の正月に見えるが、これ以後は見えなくなる。時政の栄光と没落は踵《きびす》を接するが如くだった。栄光への階《きざはし》に、娘としての政子は、それなりの形でかかわっていた。頼家の更迭と実朝将軍の擁立は苦しい選択ではあったが、幕府の安定のための措置だった。

そして、時政の没落にも政子は関係していた。というよりは、政子および義時の主導で牧氏の陰謀に加担した時政は伊豆へと幽閉される。この時政の没落にいたる流れは、おおよそ次のようであった。

実朝が将軍となって二年が経過したころ、その事件はおきた。「畠山重忠の乱」とよばれた事件が引き金だった。時政の後妻牧ノ方の女婿《むすめむこ》の一人に平賀朝雅《ひらがともまさ》がいる。彼は源義光《みなもとのよしみつ》(義家の弟)の流

北条時政墓所（願成就院・静岡県田方郡韮山町）

れをくむ源氏の一門で、京都守護として後鳥羽上皇に近仕し声望を馳せていた。

おりしも在京中の畠山重保《しげやす》と平賀朝雅との間で「諍論《じょうろん》ノ儀」（喧嘩）があった。元久元年十一月のことだ。実朝夫人坊門信清《ぼうもんのぶきよ》の娘を鎌倉へと帯同するために、上洛していたときのことだった。その半年後の元久二年六月、畠山事件が勃発した。平賀朝雅が牧ノ方へ京都での諍論の一件を報じ、畠山重忠・重保父子の謀叛を訴えたという。

合戦の経過は他に譲るとして、政子・義時の北条一門の多くが、時政の畠山討伐に反対したが、時政はこれを強行した。重忠・重保の敗死後、謀叛の件は虚言であったことが判明する。

こうしたことが、政子や義時の時政・牧ノ方への警戒心を強めさせた。その一カ月後、いわゆる牧氏陰謀事件が発覚する。時政らによる新将軍擁立の陰謀だ。「牧ノ御方奸謀ヲ廻ラシ、朝雅ヲ以テ関東ノ将軍トナシ、当将軍家ヲ謀リタテマツルベキノ由、ソノ聞エアリ」（『吾妻鏡』元久二年閏七月十九日）というものだった。つまりは実朝を廃し、娘婿を将軍にしようとの策謀だった。

政子はこの風聞を確認するや時政邸にいた実朝を結城《ゆうき》朝光《ともみつ》や三浦義村に命じ奪い返し、これを義時のもとに迎えたのだった。『明月記』にも「或ル説ニ云フ」として次のような記事を載せている。

　時政嫡男相模守義時、時政ニ背ク、将軍実朝ト母子同心シ、継母ノ党ヲ滅スト云々。

（元久二年閏七月二十六日）

事ここにいたり、時政は出家を余儀なくさせられる。政子の機敏なる対処が実朝の危機を救った。

義時と政子――二人三脚体制

時政の失脚は将軍―乳母父体制の終わりを意味した。頼家から実朝へという流れは、これを擁した比企氏から北条氏への転換に他ならなかった。時政の没落は将軍実朝の後見たる枠を越えようと画策したことにあった。

牧ノ方による陰謀を未然に防いだ政子は、将軍実母の立場で政治に関与することとなった。弟の義時が執権の立場でこれを補佐する二人三脚の体制がスタートしたのである。

政子が実朝を内面から支えるとすれば、弟の義時は将軍の政治を執権という形で補佐してゆく。家族を相ついで失い、孤高のなかで生きぬこうとしている政子にとって、義時の存在はまことに心強いものがあったろう。同じ母を持つ両者は、頼朝の挙兵以来の幾多の困難をともに経験していた。それだけに他者の介入を許さぬ絆で結ばれていた。

その政子が実朝の元服後に急いだのは、実朝の結婚だ。後鳥羽上皇より与えられた実朝の実名（諱《いみ》名《な》）はいうまでもなく、父頼朝の偏諱《へんき》にもとづく。兄の頼家とそれぞれ父の名が一字ずつ取られていた。当然ながら頼家と実朝には〝頼朝〟がいた。兄の堅固な意志と色好みの性向も、弟の思慮深さと風雅への志向も、いずれもが頼朝のものだった。

実朝はたしかに王朝の雅《みやび》を好んだ。後年のことだが藤原定家を師と仰いでの和歌への精進は、『金槐和歌集』に結実している。

建仁三年（一二〇三）九月、兄頼家に替わり、三代将軍に就任した実朝は、翌月十二歳で元服した。結婚は翌年の暮れのことであった。坊門信清の娘がむかえられた。実朝の意志を尊重しての選択だった。将軍就任から間もない時期でもあり、時政の権勢はつづいていた。この縁談はどうやら時政・牧ノ方サイドからの話のようだ。

政子自身は源氏一門の足利義兼《あしかがよしかね》の娘（政子の妹の子）を考えていたようだが、実朝はこれを嫌った。東国の名族足利氏との婚姻は、源氏一門の結合により「東国ノ主」たる鎌倉殿の再生をはかる政子の望む方針だった。それは政子のみならず、鎌倉御家人の多くが求めた方向だったろう。東国政権としての幕府の自立のためには、王朝との迎合はつつしまねばならない。御家人から遊離し、その離反を招く行為は得策ではなかった。

こうした判断は十三歳の実朝にはつうじなかった。信清は後鳥羽上皇の母方の叔父にあたり、大納言の官歴を有し京都政界における重鎮でもある。この信清一族と牧ノ方とは姻戚関係にあった。例の平賀朝雅の娘は信清の子の忠清の妾となっていた。牧ノ方・時政にとっては、王朝勢力との結合はそれなりの判断にもとづいていたのだろう。いずれにしても、元久元年十二月、坊門信清の娘が実朝夫人として鎌倉に到着した。

実朝の結婚をめぐり、二つの方向が見えていた。政子に代表される東国主義ともいうべき路線が一つ。そして時政・牧ノ方による脱東国路線のそれだ。これは時政というよりは、むしろ牧ノ方の主導によるところが大きいようだ。彼らにとって、今後の政局運営の試金石は実朝の後継だった。かりに政子の思いどおりに進めば、時政の政権は実朝一代に限定される公算が強い。それよりは牧ノ方との縁故を活用し、坊門家との結合で後継への影響力に含みを残す。こんな算段がはたらいたのではないか。

結果は政子の目論見《もくろみ》とは別の形で動いたが、時政と牧ノ方にとっても別の意味で誤算だった。あまり順調なる運びが過信を招き、不審を抱かせ失脚への途を早めることになった。この点は畠山事件との兼ね合いですでにふれたところだ。

優しい母、強い母

腺病質の息子への不安もあった。結婚後に患った疱瘡をはじめ、実朝の生涯は病とともにあったようだ。参考までに『吾妻鏡』に見える実朝の病歴は次のとおり。左に見るように実朝は多感な時期を病と向き合う形で過ごしたのだった。そのことが、若き将軍の内面に少なからず影をおとしたことは否めなかった。

元久元年（一二〇四）　七月十四日条　〈十三歳〉
同　　　　　　　　　十一月三日条　〈〃〉

建永二年（一二〇七）　四月十三日条　〈十六歳〉
承元二年（一二〇八）　二月三日条　〈十七歳〉
同　　　　　　　　　　閏四月十一日条〈　〃　〉
建暦元年（一二一一）　六月二日条　〈二十歳〉
建保三年（一二一五）　八月十日条　〈二十四歳〉

二所詣《にしょもうで》（伊豆走湯山権現、箱根権現）をはじめ鶴岡八幡宮・永福寺《ようふくじ》・勝長寿院《しょうちょうじゅいん》などへの祈願、さらに泰山府君祭《たいざんふくんさい》・百怪祭《ひゃくかいさい》など陰陽道《おんみょうどう》にまつわる種々の祭祀のなかに、その日常はあったようだ。政子も将軍ともども参詣・祈願のために同行したことが一度ならずあった。

政子が熊野行を果たしたのは、承元《じょうげん》二年（一二〇八）の冬のことだ。「尼御台所、御宿願ヲ果サンガタメニ熊野山ニ御参」と見えている。この年の春疱瘡を病んだ実朝は、平癒したものの復調したとはいい難く、霊験名高い熊野詣《くまのもうで》となったものだろう。弟の北条時房《ときふさ》をともない鎌倉を出発したのが、十月も十日のことだった。月末に入京をはたした政子一行が、熊野をめぐり鎌倉へともどったのは十二月二十日だった。

足かけ三カ月にわたる神仏祈願の旅路だった。二度目の上洛に政子は何を感じたのだろうか。かつての建久《けんきゅう》六年（一一九五）の上洛から十三年の月日が流れていた。頼朝とあるいは大姫・頼家とともに過ごした京都での日々を想い起こしたにちがいない。

熊野では関東の安寧とともに、実朝の健康祈願がなされたことだろう。頼朝以後の幕府内部での数々の闘諍、御家人間での騒擾などで不本意ながら死んだ人々への鎮魂もなされたことだろう。

政子の帰洛後、実朝は正四位下に叙せられた。そして翌年の四月には従三位となり、将軍実朝の位階の加叙が進んでゆく。そんななかで政子と実朝との間に意見の対立も見られた。承元三年のこの年、実朝は十八歳になっていた。兄の頼家が将軍職を継いだ年齢である。少年から青年へと脱した実朝の自己主張だった。

和田義盛がこの年の五月、実朝に上総《かずさ》国司の推挙を願い出たことがあった。頼朝以来の宿老として武功の臣ともいうべき義盛の要請だった。内々の申し出ということもあり、実朝はその旨を政子に相談した。「将軍家、尼御台所ノ御方ニ申シ合ハセラル」とある。だが、母の答えは否《いな》だった。「故将軍ノ御時、侍ノ受領ニヲイテハ停止スベキ」との発言だった。ここまでは致し方がないにしても、政子の次の言い様は、実朝をあるいは傷つけたのではないか。

仍《よつ》テ此クノ如キノ願ヲ聴カレ、例ヲ始ムルノ条、女性ノ口入《くにゅう》ニ足ラザルノ旨、御返事アルノ間、左右《さう》ニ能《あた》ハズト云々。

（『吾妻鏡』五月十二日）

（先例を破り、許容するようなことがあってはいけない。こんな当然のことは女性の私が口を差し出すことでもない。）

こうした強い母の一言が、気弱で多感な実朝には打撃になったのかもしれない。「左右ニ能ハズ」の表現には、その感情も隠されているのではないか。

母に相談したものの思う返事が得られなかった実朝は、義盛に明瞭な返答をできずにいるうちに、上総国司所望の正式の款状《かじょう》が提出される。「所詮《しょせん》一生ノ余執《よしゅう》タダコノ一事タル」（『吾妻鏡』承元三年五月二十三日）との義盛の思いは、若き将軍にも理解できたはずだ。

将軍からの沙汰がないままに秋が過ぎ、そして冬が来た。義盛は再度、実朝に上申した。が、この時も「内々御計ノ事アリ」（『吾妻鏡』承元三年十一月二十七日）と自らが考慮中の旨を伝えている。その優柔さがいささか歯がゆいものの、母と宿老ともども傷つかぬ方策を探す実朝の心中がよく語られている。

2 実朝の夢と挫折

「亡霊群参」——和田合戦の余波

和田義盛の上総国司の一件から四年後の建暦三年（一二一三）五月、和田合戦が勃発する。畠山重忠の事件とともに、実朝の時代が経験した大きな戦闘だった。この合戦での政子の動向は不明だが、義時との共同歩調をとったことは想像に難くない。

頼家の遺子を将軍に擁立する陰謀が発覚し、これに義盛の子義直《よしなお》・義重《よししげ》および甥の胤長《たねなが》が加担していたことから、鎌倉中を巻き込んだ大きな戦乱に発展した。義時を中心とする北条氏が、その覇権確立のために和田氏の族滅をはかったものとされる。

大江広元や北条義時を奇襲するなど、当初は和田氏が優勢だったが、その後幕府軍が押し返し勝利を手中にした。戦闘にさきだち政子および実朝夫人は鶴岡別当坊へと避難し、実朝も義時および広元らと頼朝の法華堂へと移った。

二日に始まった激戦は義盛の戦死で幕をとじ、四日には決着を見るにいたった。激戦による御所の焼失という未曽有の体験をした実朝の衝撃は大きかったであろう。反乱者とはいえ、信頼していた義盛の敗死は、二十二歳の将軍に「現実」をつきつけた。

病弱なその体質は以前にもまして、現実を逃避する傾向を強くさせた。打ちつづく天変地異と闘諍事件のなかにあっては、実朝ならずとも気が滅入ることの連続だった。実朝が怪異に遭ったとの記事も、この時期のことだ。


夢ノ如クニシテ青女一人前庭ヲ奔《はし》リ融《とほ》ル……コレヲ問ハシメタマフトイヘドモ、ツヒニ以テ名謁《なの》ラズ。

(『吾妻鏡』)


感受性が強かった実朝ならではのことだった。見えないものまで見える、となれば実朝はやはり過敏に過ぎたのかもしれない。

和田合戦の翌々年の建保三年のことだが、こんなこともあった。幕府において実朝の命で仏事がなされたことがあった。「去夜御夢想アリ、義盛以下ノ亡卒御前ニ群参」(『吾妻鏡』建保三年五月二十五日)したためだとする。夢想とはいえ、実朝が精神のうちに和田合戦のことを引きずっていたことの証拠だった。

和田合戦の余波は若き将軍の精神をこうした形で襲ったのだった。

そんな実朝にとって、和歌による京都の王朝との交流は救いとなった。殺伐とした鎌倉の現実から逃れるかのように、以前にもまして京都への憧れを強める。王朝の文化・文芸に鎌倉将軍が虜《とりこ》にされ始めていた。

建保三年までの実朝の趣味を語る記事を『吾妻鏡』からひろっただけでも次のようになる。

夢想による住吉社への和歌の詠進(承元三年七月五日)

憲法十七条の閲覧(承元四年十月十五日)

奥州十二年合戦絵の閲覧(承元四年十一月二十三日)

貞観政要《じょうがんせいよう》の精読(承元五年七月四日)

聖徳太子聖霊会《しょうりょうえ》の開催(建暦二年六月二十二日)

藤原定家からの万葉集の贈与(建暦三年十一月二十三日)

坊門忠信からの蹴鞠の書の贈与(建保二年二月十日)

飛鳥井雅経《あすかいまさつね》からの仙洞秋十首歌合《うたあわせ》の贈与(建保二年八月二十九日)

後鳥羽院からの仙洞歌合の贈与(建保三年七月六日)

政子にとって、実朝のこうした性向は頼家とはまた別の意味で心配となる。頼家は蹴鞠《けまり》熱はあったにしても朝廷関係者との直接の交流はなかった。そのかぎりでは関東の長者（鎌倉殿）としての分が保持されていた。しかし実朝については、それを超える方向が出はじめていた。王朝勢力との必要以上の交流が何を意味するか。政子をふくめ政権を担った人々が危惧しはじめていた。

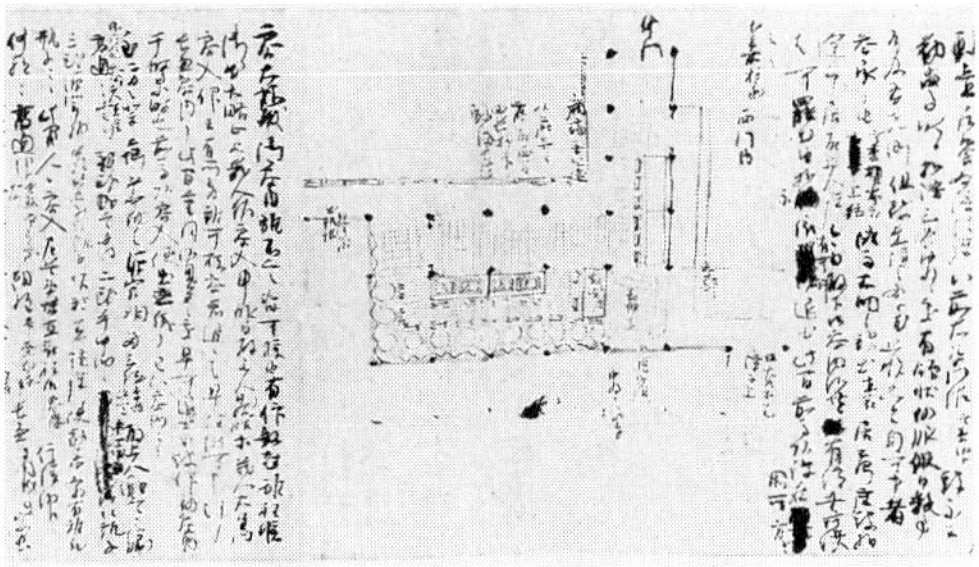
『明月記』（冷泉家時雨亭文庫蔵）

『明月記』の証言

幕閣首脳部の危惧を、ここでは『明月記』の中から確認してみよう。藤原定家と実朝の交流については、元久二年（一二〇五）九月に『新古今和歌集』を献上したことに始まっている。

そしてすでにふれた建暦三年の『万葉集』の贈与に関し、定家の『明月記』の十一月八日条にも、秘蔵のそれを贈った旨が記されている。実はこれには裏があった。定家は自領の伊勢国の小阿射賀《こあざか》荘の地頭渋谷氏の非法を訴えてもいた。

「三品（定家）年来ノ愁訴」を受けて実朝が、「件ノ非義ヲ停止セラルル」との断を下した。それは「コレシカシナガラ歌道ヲ賞セラルルガ故ナリ」（『吾妻鏡』建暦三年十一月二十三日）との指摘にもあるように、定家が実朝に贈った『万葉集』への返礼でもあった。

と、すれば問題は軽くはない。この場合、幕府側の地頭渋谷氏に非があった可能性は棄て切れないものの、定家からの訴えに対する実朝の決断の速さからすれば、やはり「歌道ヲ賞セラルルガ故」との理由を信ずる方が当然といえよう。定家にとって家伝の秘蔵書を贈った以上、その見返りもそれなりにといったところだろう。

実朝の地頭職停止の決定は、鎌倉殿への信頼を解体させることにつながる。

定家の一件の三カ月ほどまえのことだが、次のような出来事もあった。畠山重忠の縁者重慶《ちょうけい》が、下野国日光山で祈禱をなし謀叛を企てているとの報告があった。この報を受けた実朝は、当国の御家人長沼宗政《ながぬまむねまさ》に重慶の生虜・捕縛を命じた。だが、宗政は実朝の意に反し、重慶の首級を持ち帰ったために勘気をこうむったという。実朝は次のようにいった。

かつて重忠は過《あやまち》なくして誅された人物であり、その子の重慶について犯否をたしかめず殺すとは、楚忽《そこつ》の至りである。

宗政はそれに次のように反論したという。

その反逆は疑いもないので誅殺したまでです。かりに法師を生虜《いけどり》したならば女性《にょしょう》や比丘尼《びくに》の申状で穏便なる沙汰に止まってしまうに違いないと推量して、誅しました。右大将家（頼朝）の時代は犯罪には厳罰主義で臨んでいたが、当代は歌鞠《かきく》を業《わざ》として武芸は廃《すた》れ勇士無きが如き状況ではありませんか。
（『吾妻鏡』建暦三年九月二十六日）

簡略な意訳だが、ここには実朝への痛烈な批判があった。武断主義を嫌う実朝が王朝の風雅に染まることへの反発である。おそらくそれは、鎌倉御家人の多くが共有した意識でもあったろう。風雅の道に傾く将軍が、武家の棟梁たることの条件を欠くことは明らかだった。先に示した『明月記』の定家の思惑に実朝が諾々として反応したのも、その延長ということになる。

頼朝の政治が王朝との協調路線にあったことは何度かふれた。だが、それは東国の自立を前提にしたものだった。適度なる政治的距離を頼朝は自らの範とした。しかし実朝にいたっては、自身を王朝人と同化させたわけで、その視線は御家人に向けられず、京都にあった。宗政が批判しようとしたのは、まさにこのことだった。

ここに示した二首は、そうした意味で実朝の「大君」・「君」（天皇）へのまなざしが語られている。いうまでもなく、後鳥羽院への畏敬と親近がそこにあった。

大君の勅をかしこみ
父母《ちちはは》に心はわくとも人に云はめやも

山は裂け海は浅《あ》せなむ世なりとも
君にふた心我あらめやも
（『金槐和歌集』）

そこにいるのは、歌人としての源実朝でしかなかった。定家が『愚秘抄《ぐひしょう》』に「たけたる歌人」とまでに評する力量があるにしても、武家の棟梁たることへの自覚の欠如は否めない。鎌倉の政治の現実が、実朝をこのような非政治的な世界へとみちびいたともいえる。

政子から離れていることを承知でもう少しつづけたい。実朝の仮想現実の世界についてである。例の「亡霊群参」の霊夢があった翌年だった。建保四年（一二一六）

夢の行方
――渡宋計画

宋人陳和卿《ちんなけい》が鎌倉に訪れ、実朝と面会した。

かつて大仏開眼供養のおり、面会を求めた頼朝に、「人命ヲ断チ、罪業深ク重シ」（『吾妻鏡』建久六年三月十二日）として、拒んだ人物だった。大仏再建に尽力した重源《ちょうげん》との関係で来日したという。その陳和卿は、実朝を宋の医王山長老の後身だと語った。涕泣しつつの申し出に、実朝は六年前の夢想との符合に驚き、これを重用するにいたったとある（『吾妻鏡』建保四年六月十五日）。

ここでも夢想が登場する。話はこれで終わったわけではなかった。よく知られているように、実朝はこの宋人に渡宋のことを持ちかけたのだった。この年の冬「将軍家、先生《せんしょう》ノ御住所医王山ヲ拝シタマハンガタメニ、渡唐セシメタマフベキノ由、思シメシ立ツニヨッテ、唐船ヲ修造スベキノ由、宋人和卿ニ仰ス」（『吾妻鏡』建久六年十一月二十四日）とあるのがそれだ。

随行者六十名も決定したうえでのことでもあり、実朝は本気だった。義時、時房がいくら諫めようとも「御許容ニ能ハズ」だった。

政子がこれをどう受け取めたか不明である。義時にすべてを委ねており、口出しは無用と判断したのかどうか。かつて将軍頼家には、あれほど細かなる指示を与えていた政子である。実朝にも反省をうながす何らかの言動があっても、然るべきだと思うのだが……。

ちなみにこの年の政子を『吾妻鏡』からひろえば、三月には十四歳となった頼家の息女を実朝の猶子に迎えたことが見えている。「尼御台所ノ仰セニヨッテ」とあり、頼家の忘れ形見への配慮だった。忘れ形見といえば、公暁《くぎょう》を実朝の猶子としたのも政子の決定だった。これは頼家死去の翌々年のことだったが、祖母の立場からの孫たちへの配慮でもあった。

ともかく政子については、自身の寺ともいうべき寿福寺での法要が見える程度で、その動きははっきりしない。

さて、実朝だが、その後渡宋計画はどのように進んだのか。およそ半年後、陳和卿の唐船は完成したが、由比ヶ浜に進水を試みたものの失敗に終わった。「諸人筋力ヲ尽シテコレヲ曳ク」(『吾妻鏡』建保五年四月十七日)が唐船は動かなかった。「唐船出入スベキノ海浦ニアラザルノ間、浮ビ出ツルコト能ハズ」と『吾妻鏡』はその事情を語っている。「カノ船イタヅラニ砂頭ニ朽チ損ズト云々」との表現に、実朝の渡宋の夢もまた朽ちたことが示されていた。

「今」とは違うもう一つの世界にわが身をおくことで、現実からの離脱をはかろうとする。そんな気分が実朝には溢れていた。歌の道も渡宋の夢も、この点では同じ意識に発していた。将軍たる実朝のまなざしは、鎌倉以外の他者に注がれることが少なくなかった。絶望のなかで救いを求める対象は王朝であり、時として海の先にある大陸だったりした。

王朝への憧憬《しょうけい》という点でいえば、実朝に与えられた官職のさまざまも同様だった。この時期、絶望から自らを救う手立てが王権との親近感を醸す官職であり、実朝の精神の暴走はかろうじて、これで封印されていた。

「家名ヲ挙ゲント欲ス」

実朝の官職への渇望、これまた彼を論ずるさいには前述の渡宋計画とともども必ず指摘されるものだ。ちょうど実朝が陳和卿に大船建造を命じる少し前のことだ。執権の義時が、大江広元に実朝の官位昇進へのこだわりについて諫言させたことがあった。近衛大将への任官を強く望む実朝への心配からだ。

「御子孫の繁栄を願うならば、父上の頼朝公と同じく現在の官職を辞し、征夷大将軍のお立場で、御高年になられて大将の職にご就任されるのがよろしかろうと存じます」、こんな調子の広元の発言だった。

「注意は当然のこととして受けておく」として、実朝は次のように自分の立場を語ったという。

源氏の血筋は自分のときに断絶するのだから、あくまで官職をもらって源家の家名をあげたいのだ。

(『吾妻鏡』建保四年九月二十日)

自身の運命を予知するかのような発言には、『吾妻鏡』的脚色も想定できそうだ。が、それにしても源家の断絶と家名の高揚を自らの内に了解させる鎌倉将軍の絶望的言辞は、やはり穏やかではない。

本当にそうであったのか。実朝の官職昇進の実際を整理してみよう。

建仁三年九月	従五位下征夷大将軍	〈十二歳〉
元久元年三月	右近衛少将	〈十三歳〉
元久二年正月	右近衛権中将兼加賀守	〈十四歳〉
承元元年正月	従四位上	〈十六歳〉
承久三年四月	従三位	〈十八歳〉
建暦元年正月	正三位兼美作権守	〈二十歳〉
同　十二月	従二位	〈〃〉
建保元年二月	正二位	〈二十二歳〉
建保四年六月	権中納言	〈二十五歳〉
同　七月	権中納言兼左近衛中将	〈〃〉
建保六年正月	権大納言	〈二十七歳〉
同　二月	左近衛大将兼左馬御監	〈〃〉
同　十月	内大臣	〈〃〉

同　十二月　右大臣　〈 〃 〉
承久元年正月　薨去　〈二十八歳〉

ここに示したように建保年間での昇進には、たしかに眼を見張るものがあるようだ。『承久記』には、これを上皇側の「官打チ」と表現する。位負けさせ早死を期することらしいが、そんな噂が立つほどに実朝の出世ははやかった。

高位高官を競望した実朝の心中は理解できないわけではない。王権との政治的距離を示す官位とは、臣下としての秩序でもあった。実朝が家名の高揚を意識した時点で、王朝からの相対的自立は不可能となる。

別の見方をすれば、後鳥羽院を中心とする公家側は、実朝への官職授与を推進することで武家それ自体を骨抜きにすることも考えていた。院の近臣化とまではいかずとも、それに近い方向があったのだろう。

東国の新政権が、謀叛の政権として天下草創をなしたとき、頼朝は官職の誘惑からは心して決別する姿勢を貫いた。誕生間もない武家の政権にとって、朝官が毒をともなう危険をはらむことを知っていたからだ。

王朝との協調が達成される建久年間にいたり、鎌倉殿の威風がそれへの警戒をゆるめさせたことはあった。だが、そこにいたる道程には幾多の粛清があった。例えば義経がそうだった。実朝にとって叔父にあたる義経も家名の高揚を自らに課し内乱を戦いぬいたのだが、京都の公家政権の棄て駒とされて没落した。

頼朝と義経との対立の背景をなすものは、信ずべき信念の違いだった。家名の宣揚を専らとした個人レベルの信念は、政治的正義を標榜した頼朝の前に敗北せざるを得なかった。

実朝の危うさには、この義経と同質の危険がはらまれていた。そしてこのことを熟知していたのは、母たる政子その人だったのかもしれない。

3 「女人入眼」の国

「女人入眼ノ日本国」——政子と兼子

尼御台が二度目の熊野詣におもむいたのは、建保六年（一二一八）春のことだった。前回の参詣から十年が経過していた。六十二歳の政子は弟の時房と政所執事の二階堂行光《にかいどうゆきみつ》を随えての上洛だった。政子の政治の場が、この熊野行には用意されていた。

もちろん表向きの理由はあった。実朝の心身の安全や関東の安泰祈願だが、その他、政子の妹（稲《いな》毛重成《げしげなり》の妻）の孫娘と土御門通行《つちみかどみちゆき》との縁談もふくまれていた。

そして、もう一つ。実朝の後嗣ぎ問題だ。結婚後十三年を経過しても、なお子に恵まれぬ将軍の後継者をどう決するかが問題だった。鎌倉側の機微にもかかわるこの問題が、政子に委ねられたのだった。

幕府首脳部の不安は、源家の血脈が途絶えた場合の方策だろう。頼朝の正嫡が断絶した場合、これに代わるべき貴種をいかに求めるかが検討されたに違いない。源家の嫡流が途絶したおりには、諸豪族・御家人間の紛争が惹起されかねなかったからだ。すでに二代頼家、三代実朝を擁し、執権の立場を強めた北条氏にとって、上位に仰ぐべき形式上の将軍には、頼朝的独裁者は不要なのである。

義時を中核とした幕府の意志は、おそらく右のようであったのではないか。とすれば、迎えるべき鎌倉将軍は、「至尊《しそん》」(天皇や親王)であることが望ましい。もしくは至尊たる貴種性を備えた皇胤《こういん》たることが要求されたであろう。

二月四日鎌倉を出立した一行は、二十一日に京都に到着した。その後二カ月余の京都滞在で熊野詣とは別に、右の案件が、王朝当局者と議せられたのだろう。この間の事情は『吾妻鏡』には登場せず、『愚管抄』『明月記』などから類推する他はない。

尼御台政子の京都での面談相手は、当時京都政界で権勢を誇っていた藤原兼子《けんし》であった。父は刑部卿《ぎょうぶきょう》藤原範兼《のりかね》。範兼の妹の範子《はんし》は土御門通親《みちちか》の妻にあたる。通親については建久七年の政変の首謀者として、以前にもふれた。

兼子は正治元年(一一九九)に典侍《ないしのすけ》、元久元年(一二〇四)に従三位、そして承元元年(一二〇七)には従二位にすすんだ人物で、父が刑部卿だったことにちなみ卿二位とよばれた。叔父の高倉範季《たかくらのりすえ》とともに後鳥羽院に近仕し、大きな権力を有した。かつて政子が大姫問題で談じた後白河院の寵姫丹後局《たんごのつぼね》高階栄子《たかしなえいし》にも並び得る女性だった。

兼子は政子より二歳上の六十四歳。『愚管抄』には推測的発言ながら、この両人の京都での会談内容にもふれている。兼子の縁者の西ノ御方の腹に後鳥羽院の皇子頼仁《よりひと》親王がいたが、兼子はこれを「将軍ニマレナド思ニヤ」（将軍にでもしようと思う）と語ったとあり、両人の間である程度の密約らしきものが成立した可能性もある。

公武を代表する二人の女性が、こうした形で政治の舞台にかかわったことを称し、慈円は、「女人《にょにん》入眼《じゅがん》ノ日本国イヨ〳〵マコト也ケリト云ベキニヤ」とも語っている。入眼とは完成というほどの意であり、女人たるものが力を持つにいたった日本国の状況を、なかば皮肉を込めて発言したものだろう。『愚管抄』がいみじくも指摘するように、武家と公家あるいは鎌倉と京、いずれにおいても女人の時代の到来が予兆されているのは興味深い。

政子は京都滞在中に従三位に叙せられている。兼子の推薦によるものだろうが、出家後の叙位は特例中の特例だった。その政子は帰路につく間際に後鳥羽院と謁見することになったが、「辺鄙《へんぴ》ノ老尼、竜顔ニ咫尺《しせき》スルモ益《やく》ナシ」との断わりを入れて鎌倉への旅路についている。

その「辺鄙ノ老尼」は、その半年後さらに従二位に叙せられた。〝女鎌倉殿〟とも形容できるほどの英達は「女人入眼」の象徴でもあるようだ。

実朝暗殺

「程無ク右大臣殿ニ後レ奉リ」と『承久記』が語る政子の悲運は、建保七年の春におとずれた。しかも右大臣拝賀の儀という、もっとも晴れやかな舞台で、悲劇はおこったのである。実朝がかつて家名断絶を予測したとおりの事態となった。

大臣殿失サセ給シカバ、是コソ限ナレ、何ニ命ノ存《なが》ヘテ、カヽル浮身ノムクヒニ兼テ物ヲ嘆《なげく》ラン、如何ナル淵河ニ身ヲナゲ、空《むなし》ク成《なら》ント思立シ……

（大臣殿も亡くなられ、今度こそすべての終わりだと思いました。どうしてこの尼の身だけが命をながらえ、憂い多き現世の報いを受けねばならないのかと、幾度も嘆いております。如何なる淵瀬に身を投じようと思いました……）

政子の心中はここに示した『承久記』のとおりだったに違いない。「四度ノ思」のなかで政子はすべてを失った。夫も、そして子どもたちもである。「是コソ限ナレ」と思い定めたのも当然だった。殺された実朝もそして殺した公暁も、政子にとってかけがえのない肉親だった。その現実を目の当りにしたとき、我が身の「命ノ存ヘ」を怨み、そして嘆いたことだろう。

さて、事件の流れはこうであった。

建保七年正月二十七日、実朝は右大臣拝賀の儀式を鶴岡において行った。路次《ろじ》の随兵一千騎をしたがえての盛儀であった。酉の刻（午後六時）に始まり、退出したのは戌の刻（午後八時）とある。

夜陰ニ及ビテ神拝ノ事終リ、ヤウヤウ退去セシメタマフノトコロ、当宮別当阿闍梨公暁、石階《いしばし》ノ際ニ窺ヒ来リ、剣ヲ取リテ丞相《じようしやう》（実朝）ヲ侵《をか》シタテマツル。

『吾妻鏡』が語る実朝暗殺の場面である。「父ノ敵ヲ討ツ」と名謁《なの》った公暁は、やがて三浦義村のもとにおもむくが、義村により誅殺されてしまう。

これがすべてである。この事実に付着するさまざまはここでは問わず、了解の内としておこう。さらにいえば誰かが公暁を使嗾《しそう》したのか。義時なのかあるいは三浦氏なのか。陰謀の仕懸人は誰なのか。必ず問われる右のことどもも取りあえずは埒《らち》の外としておく。

結果論から類推する陰謀史観は、それなりにおもしろい面もあるが、ここではあくまで政子から見た実朝の死が主題である。

頼家の遺子公暁が叔父にあたる実朝を殺したという事実は動かない以上、この悲劇を招いた責任はあげて政子にあったともいえなくもない。いささか酷のようだが温情が仇《あだ》となったのである。

公暁は幼名を善哉《ぜんさい》といい賀茂六郎重長《かもろくろうしげなが》（為朝《ためとも》の孫）の娘を母とした。六歳のおりに父頼家が殺されたために、政子の配慮で建永元年（一二〇六）に実朝の猶子としたのだった。

その後建暦元年（一二一一）定暁《ていぎょう》に弟子入りし園城寺《おんじょうじ》で修行、定暁没後の建保五年（一二一七）鶴岡の別当に迎えられた。いずれもが政子の計らいによるところが大きかった。鎌倉入りを果たした公暁は、このとき十八歳になっていた。当然、父の悲劇的な死に様もふくめ、怨念の想いが彼を虜《とりこ》にしていたはずだ。

『増鏡』は頼家の死について、「修善寺といふ所にてつひに討たれぬ」としたうえで、「これは実朝と義時と一つ心にてたばかりけるなるべし」（「新島守」）と語る。実朝はこのおり未だ十二歳で、「一つ心にて……」は現実味がないが、結果からすればそのようになった。公暁が実朝を父の敵としたのも自然だった。

戯曲『牧ノ方』と坪内逍遙

『吾妻鏡』は勝者側からの史書だ。格調高い和様漢文体の魅力とは別に、そこにはともすれば勝ち組の論理が見え隠れする。政子についての筆致にもそれがあるようだ。政子のライバル的存在に時政の後妻牧ノ方がいる。この女性が歴史書に記されるのは、『吾妻鏡』が描写する牧氏陰謀事件の主役としてであった。

彼女には鮮明な輪郭がない。多くが『吾妻鏡』からの証言だ。「大舎人允《おおとねりのじょう》宗親《むねちか》ト云ヒケル者ノ女《むすめ》ナリ、兄ハ大岡判官時親トテ、五位尉ニ成リテアリキ、其ノ宗親、頼盛入道ガモトニツガヒテ駿河国ノ大岡ノ牧トイフ所ヲ知ラセケリ」との『愚管抄』の記載くらいしか、その出自が語られていない。『保暦間記《ほうりゃくかんき》』（南北朝期の成立とされてきたが、近年では近世初期成立とも）での「牧の女房と申す人心武く驕れる人なりけり」なる記述も『吾妻鏡』からの影響によるのだろう。

当然といえば当然なのだが、後世牧ノ方は悪女の典型とされた。忠臣畠山重忠を謀殺し、実朝を亡き者にしようとしたからだ。江戸時代の戯作《げさく》・読本《よみほん》作家たちは彼女の悪女ぶりを巧みな筆勢で描きつづけた。高井蘭山《らんざん》『星月夜《ほしづくよ》鎌倉顕《かまくらけん》晦録《かいろく》』や滝沢馬琴『朝夷巡島記《あさひなじゅんとうき》』での牧ノ方像には、その傾向が強く出ている。

勧善懲悪という一種のロマン性は、江戸の庶民の歓迎するところでもあった。史上の人物の描き方からすれば、真実からいささか遠くなることもあった。が、これが江戸風味の世界でもあった。歌舞伎も浄瑠璃もそうだ。

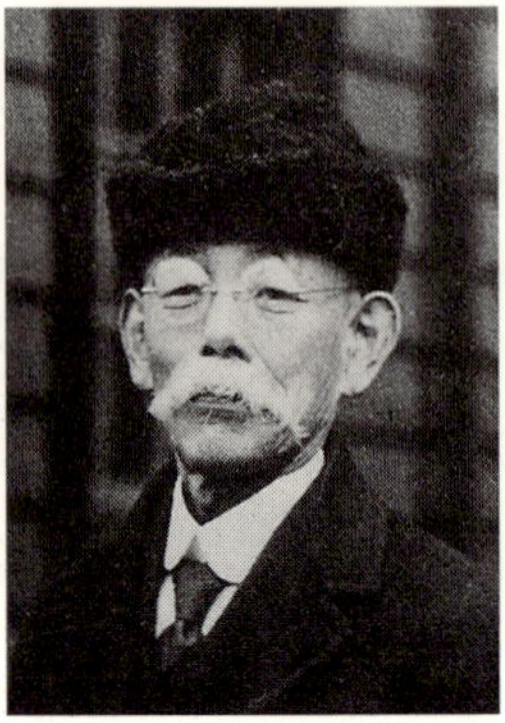

坪内逍遙
（日本近代文学館蔵）

近代文学の先駆となった坪内逍遙《つぼうちしょうよう》（一八五九―一九三五）には、この牧ノ方を描いた戯曲がある。案外知られていないが、「勧善懲悪」の流れからの脱皮をめざす逍遙らしい演出である。明治三十年に作品化された『牧ノ方』について、逍遙はその動機を『早稲田文学』（明治二十八年）のなかで、次のように指摘する。

「牧の方の性格も、蘭山が叙事の筆に物し、馬琴が小説の事に描きたるとは頗《すこぶ》る異なるべきものあらんを思ふ」と述べ、「一個の半獣的動物」として牧ノ方を語ることに否定的な考え方を示した。逍遙は「如何に社会は腐爛するも、如何に道義は地に堕つるも、尚人間には良能あり」と牧ノ方の心情に分け入り「心事の頗る憫《あはれ》むべきものあるを思ふ」と結論する。

人物観の成熟がここにあった。悪のなかにも善が、善なる者にも悪が。多様な人間存在の在り方が主張されている。逍遙の『牧ノ方』はそうした点で、近代のわが国の勝者的歴史の見方に刺激を与えた一例といえなくもない。他方、歴史の分野にあっても人物の叙し方に史料との間尺をはかりながらの作品も登場してくる。

例えば山路愛山（一八六四―一九一七）がそうだ。名著『源頼朝』（明治四十二年）には時代と人物の相互が巧みに論ぜられている。近代は敗者の背後にあるものを考えることを前提に歴史上の人物に多様な見方を保証した。

逍遙や愛山の仕事には、そうした面があった。

ところで、『牧ノ方』の内容は？　それは読者ご自身が読んで実感されるのを期待したい。

第五　義時の章――貞応三年　夏

1　尼将軍の時代

政子のなかの義時

政子がその生涯のなか、もっとも頼りとしたのが弟の義時だった。「五ノ思」とまで政子をして嘆かしめた義時の死までが、ここでの課題だ。実朝までもを失った政子にとって、最後の支えともいうべき存在が義時であった。姉と弟は良きパートナーとして、頼朝以後の政治的難局を乗り切ってきた。

「義時久ク彼ガ権ヲ取リテ、人望ニソムカザリ」とは、北畠親房《きたばたけちかふさ》『神皇正統記《じんのうしょうとうき》』に見える評である。ここには「勲功ハ昔ヨリタグヒナキ」頼朝の政治を受け継ぐ人物として、「後室《こうしつ》ソノ跡ヲハカラヒ」とされた政子とともに、義時にはそれなりの評価が与えられている。

本章でのポイントは、この義時について姉の政子との関連から語ることにある。時代は実朝以後ということになろうか。いうまでもなく承久の乱の時代だ。幕府成立後の最大の危機ともいうべきこの事件をとおして、政子の役割にせまってみたい。

承久の乱は政子の、あるいは義時の政治的危機であった以上に、幕府の安危だった。尼将軍とよばれた政子の最大の出番が、この承久の乱で用意される。

幕府と王朝との政治的決算でもあったこの乱を、尼将軍は義時とともに如何に乗り切ったのか。おそらくそれは政子の六十九年の生涯のなかでも、最も濃密なる時間だったと思われる。幕府の命運が政子さらに義時に託された。東国にとっての承久の乱とは、王権からの自立を決定的なものとした大きな画期だった。

尼将軍たる政子の政治的使命はこの承久の乱とともに終わる。その点では義時も同じだった。義時は乱の三年後に、そして政子については、義時の死の翌年に生涯を閉じる。その意味でも承久の乱は彼女にとって、最大のしかも最後の出来事だった。

幾多の困難をともなった政子の生涯も終わりに近づきつつある。源家将軍の時代をへて執権体制への転換の結節点、そんな役割を政子には与えられたのだ。

北条氏による執政体制は義時以後に整備されるのだが、そのためには政子の存在が不可欠だった。東国が真の意味で自立するのは、この北条政権以後ということになる。源家の三代は、東国が自立するための、生まれ出づる苦悩の象徴だった。政子の母胎は文字通り、その苦悩を宿すことで、真の自立を生み出した。

政子のパートナー義時の政治家としての力量に疑いはないにしても、あやし気な政治的正義では、清算し切れない暗闇が義時にもあるはずだ。だがしかし、このことを承知のうえで義時がこの時代のなかで果たした役割も考えねばならない。

尼将軍の誕生

実朝暗殺の余波はつづいた。遭難の報が京都に届けられたのが、二月二日のことだった。「洛中驚キ遽《あは》テ、軍兵競《さそ》ヒ起ル」（『吾妻鏡』建保七年二月九日）とその混乱ぶりを伝える。この時期、二つのことが目をひく。一つは信濃前司二階堂行光《にかいどうゆきみつ》の上洛だ。鎌倉将軍下向の要請だった。一昨年政子の熊野行に随行した行光は、六条宮・冷泉宮《れいぜい》いずれかの皇族将軍の奏請の役割をおびていた。そして日をおかずして伊賀光季《いがみつすえ》（義時の妻の兄）と大江親広《ちかひろ》（広元の子）が京都守護として鎌倉を出立している。

皇族将軍の実現に関しては、政子と卿二位兼子《けんし》との間で内諾がなされてのことであり、将軍不在の鎌倉にとって緊急を要する課題だった。当然この京都の政治状況に対処すべく信頼し得る光季と親広の両人が、義時の耳目として上洛したのだろう。

二つ目はこうした対京都関係での注目すべき記事とは別の、鎌倉政権内部の問題だ。十一日の駿河国での阿野時元《あのときもと》の反乱である。時元の父全成《ぜんせい》は頼朝の異母弟であり、その妻は時政の娘だった。そして彼らは実朝の乳母夫《めのと》であったが、建仁三年に謀叛の科《とが》で殺されていた。

時元にとってこの反乱は、それなりに理由があることだった。「宣旨ヲ申シ賜ハリ、東国ヲ管領スベキノ由相企ツト云々」。つまり実朝の後継を考えたということだろう。あり得ないことではないが、他方で実朝に近い人物ということで北条氏側から排された可能性もある。京都から将軍を迎えるという事情の中で、危険分子の排除の論理がはたらいたのかもしれない。

この時元の反乱に対しては金窪行親が派遣され、一族が討滅されたとある。それにしても、かりに時元が頼朝の甥として反乱を企て将軍後継をねらったとすれば、それを支える勢力があっての挙兵だったはずだ。その点では幕府内部での後継問題には、政子・義時ラインが構想する立場とは別の東国主義の流れもあったのであろう。

と、同時に右の事件で留意を要するのは阿野討伐が、「禅定二品ノ仰セニヨツテ、右京兆（義時）、金窪兵衛尉行親以下ノ御家人ヲ駿河国ニ差シ遣ハサル」との文言だろう。将軍不在の緊急事態にあって、命令の主体が政子、これを執行するのが義時という流れを確認できるからだ。執権という立場からすれば、義時がここに登場するのは当然だが、政子が命令の主体として登場しているのは注意されてよいだろう。

〝尼将軍〟なる呼称は、むろん正式のものではない。「禅定二品」の地位にもとづく呼称にすぎない。将軍宣下がなされていない以上、政子が将軍であろうはずはない。が、現実に将軍空位の鎌倉にあって、その地位を埋める存在が要求されたわけで、政子の役割はここにあった。ちなみに「サテ鎌倉ハ将軍ガアトヲバ母堂ノ二位尼総領シテ、猶セウトノ義時右京権大夫サタシテアルベシト議定シタルヨシキコヘケリ」との『愚管抄』の記事は、この間の事情を的確に語っている。

ところで、すでにふれた一つ目の京都関係はその後どのように推移したのか。この後継将軍の決定こそが焦眉《しょうび》の急でもあった。閏二月一日京都において鎌倉側の意向が示され、四日にその沙汰がなされた。それは六条・冷泉いずれかの宮は下向させることになろうが、今すぐというわけにはいかないというものだった。

『吾妻鏡』にはその後しばらく将軍問題の記事がなく、七月に入って九条頼経《よりつね》下向のことが見えている。この間の事情については『保暦間記《ほうりゃくかんき》』は「二位殿並義時、関東ノ侍ドモ、申語《まうしかたら》ヒテ将軍ノ定アリ。其比、光明峯寺入寺関白ノ三男（時ニ三郎御前ト号ス）ト申ハ、イササカ先将軍ノ縁類ニテ御座《おまし》ケレバ、此人ヲ将軍ニ定テ公家へ申ス」と語る。皇族将軍を申請し一応の許可がなされていたが、その後の数カ月で摂関家の頼経が鎌倉将軍として下向することになったとある。

この間に一体何があったのか。考えられることは一つ、後鳥羽上皇側の意向に変化が生じたということだった。これを裏打ちするのが『愚管抄』の著名な記事だ。「イカニ将来ニコノ日本国二《ふたつ》ニ分ル事ヲバシヲカンゾ」と見える日本国二分の危険性への上皇の言い分だった。

皇族将軍の拒否という上皇側の意向の変化はそれなりに理由があった。というのも上皇側は鎌倉側の皇族将軍要請の翌日の三月九日、実朝薨去《こうきょ》への哀悼《あいとう》の使者を鎌倉に送ったが、そのおり、摂津国の長江・倉橋両荘の地頭職改補の院宣も伝えていた。この両荘は院が寵愛する亀菊《かめぎく》（伊賀局《いがのつぼね》）が関係した荘園だった。

鎌倉に伝えられたこの要求は、当然幕府の拒否するところとなった。京都側はこの地頭職問題をつうじて揺さぶりをかけたのだ。皇胤の下向は地頭問題の取引材料にされた。

幕府の拒否の姿勢で院の側からも皇族将軍下向への難色が示されるが、結果的には「関白摂政ノ子ナリトモ申サムニシタガフベシ」との上皇側の意向で摂関家の頼経将軍が実現する。

こうして頼経は承久元年(一二一九)(建保七年は四月に改元)七月、鎌倉へと下向する。七月十九日政所始がなされた。「若君幼稚ノ間、二品禅尼(政子)理非ヲ簾中ニ聴断スベシ」と見えている。だが、将軍宣下はない。頼経の征夷大将軍は嘉禄二年(一二二六)になってのことであり、幼少の頼経を補佐しての政子の政治が始まる。この間が尼将軍の時代だった。

「おどろのした」の事情

新将軍の頼経の血筋については、系図を見てのとおりである。頼経の母が頼朝の姪《めい》の娘であり、頼朝とはわずかではあるが血縁にある。『増鏡』には藤原氏の氏神たる春日大明神の託宣として、「頼朝が後はその御尽力あづかるべし」との話を載せ、藤原氏の将軍就任の正統性を語る。

いうまでもなく源氏から藤原氏への将軍の移行に合わせての逸話だが、もともとは『平家物語』(巻五『物怪之沙汰』)に見える「青侍の夢」に語られているものだ。平氏の厳島から源氏の八幡へ、そして藤原氏の春日へという霊剣の流れの中に、権力の推移が伝えられている。

『増鏡』には頼経の鎌倉下向前後の京都の事情も語られており、『吾妻鏡』とは別種の趣を提供してくれる。この時期、「治天《ちてん》ノ君」後鳥羽上皇の英明はますます高い。即位当初から「四海の海、浪静かに、吹く風も枝をならさず、世治まり、民安うして……昔に恥ぢぬ御代にぞありける」(『増鏡』「おどろのした」)と、その期待も大きかった。

奥山のおどろの下も踏み分けて
　道ある世とぞ人に知らせん

とは、その『増鏡』が載せる後鳥羽院の歌だが、『新古今和歌集』にも収めるこの歌には、「道ある世」への渇望が表明されている。

「奥山の茂り破れた藪の下を踏み分け、どのような所にも道があるのだと人々に知らせたい。」そんな歌意とは別の真意もここにはある。承元《じょうげん》二年（一二〇八）の作でもあり、討幕への意志をそこに努めて見出そうとするのは、問題が残るにしても、かくあるべき「道ある世」に向けての決意を読むことはできそうだ。

王道に対する覇道への非難とまでいい切ることができるかどうかは断言できないが、それに近い気分もあったのではないか。覇道としての武家の討滅こそが「道ある世」実現の最良の途ということになる。「おどろ」とは「棘《きょく》」（いばら）を指し、公卿の異称とされる。とすれば、彼ら王朝貴族を従え、王権の在《あ》り様《よう》を知らしめること、ここにこそ真意があったのかもしれない。

その後鳥羽院が土御門《つちみかど》天皇を退位させ、討幕に積極的とされた弟の順徳《じゅんとく》を即位させたのは、右の歌の翌々年建暦元年のことだ。実朝の死まであと数年を残すのみだった。鎌倉将軍への調伏も取沙汰され始めていた。

徐々に、だが確実に後鳥羽の近辺はあわただしさをましつつあった。九条頼経が鎌倉へ下向した承久元年七月、京都でも一つの事件があった。
大内守護《おおうちしゅご》の源頼茂《よりもち》が上皇側の武士に攻め殺された事件である。頼茂はかつて以仁王《もちひとおう》とともに挙兵した頼政の孫にあたる人物で、皇居の大内裏を守護する役務にあった。それが突然上皇指揮下の西面《さいめん》の武士に殺されたのだった。頼茂が自ら将軍になる陰謀をめぐらしたとのことだとあるが（『愚管抄』）、それは考えにくい。

　ちょうど、この事件の直後、白河の最勝《さいしょう》四天王院が突然のように取りこわされている。『承久記』には実朝調伏《ちょうぶく》の事実があったからだとする。どうやらこの二つは脈絡がありそうで、大内守護の立場で調伏の件を知った頼茂への院側の先制攻撃との見方もある。

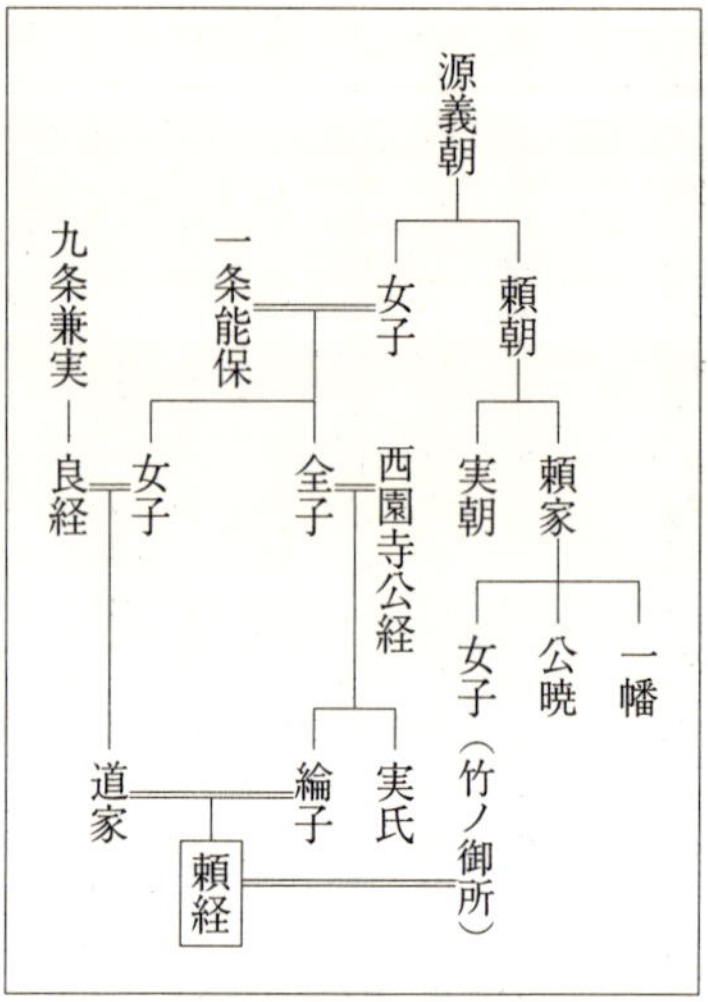

頼経と源氏の関係

　いずれにしても、後鳥羽上皇周辺に不穏な動きがあることは疑いなく、右の源頼茂誅殺事件は上皇の討幕への明確な意志の表明ということになる。

　東西対立の傾きがさらにましたのは、承久も三年になった年だった。四月二十日順徳天皇は東宮《とうぐう》（仲恭《ちゅうきょう》天皇）に譲位した。本院（後鳥羽）を中心に、中ノ院（土御門）そして新院（順徳）という三人の院＝上皇の出現だった。それはまさに臨戦体制といってよい。天皇という権威体は残しつつも、上皇の立場で自由に権力を行使する。王権における権威と権力の分離という志向の先にあるものが、臨戦であったことは動かない。

五月十四日、上皇側は挙兵にふみ切った。鳥羽離宮内の城南寺《せいなんじ》の流鏑馬《やぶさめ》ぞろいと称しての軍勢徴募だった。そのおり、幕府から派された京都守護のうち大江親広は在京していた多くの御家人たちとともに院方に参じ、もう一人の伊賀光季はこれを拒絶し殺されている。時をおかずして親幕派公卿西園寺公経《さいおんじきんつね》・実氏《さねうじ》父子は弓場《ゆば》殿に召し籠め（幽閉）られた。

2　承久の乱と政子

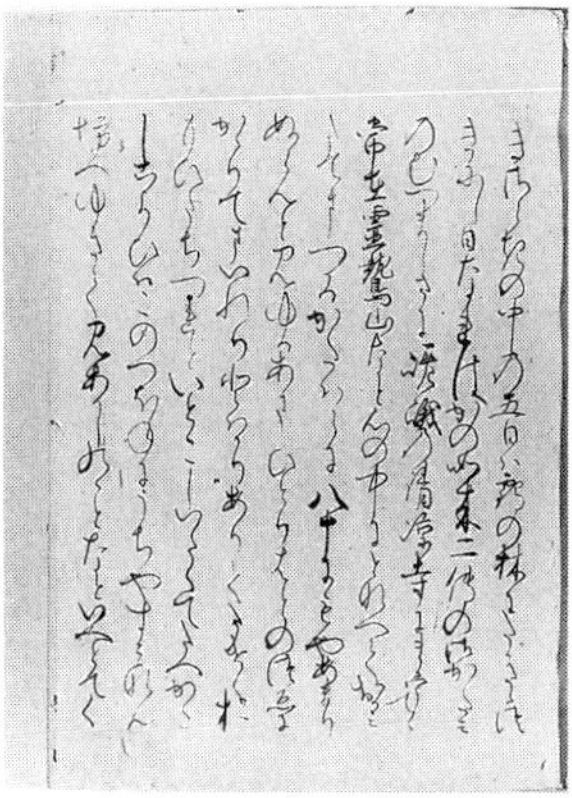

『増鏡』（名古屋市蓬左文庫蔵）

「非義ノ綸旨」

義時追討の宣旨が諸国に下された。「陸奥守義時朝臣、勅命ニ背キ、天下ノ政ヲ乱ス、追討セラルベキノ由」と『百練抄《ひゃくれんしょう》』は宣旨の概要を伝える。鎌倉がこれを知ったのは五月十九日のことだ。同じ日、誅された伊賀光季の書状が届けられた。そこには京都の動向も詳しく伝えられていた。頼朝死後二十年にして幕府は最大の危機を迎えることとなった。上皇側は実朝死後、幕府自壊を促進するために三浦氏との連携を重視した。京方武士の中心三浦胤義《たねよし》を介して、兄の義村《よしむら》を味方に引き入れ、鎌倉側を撹乱する方策だった。北条氏と比肩し得る三浦一族への期待は、大きかった。だが、義村はその期待どおりには動かなかった。

追討の宣旨は鎌倉に動揺を広げた。群参する御家人を前に尼将軍政子の有名な演説がなされたのは、そのおりのことだ。

皆心ヲ一ニシテ奉《うけたまは》ルベシ。コレ最期ノ詞《ことば》ナリ。故右大将軍（頼朝）朝敵ヲ征罰シ、関東ヲ草創シテヨリ以降《このかた》、官位ト云ヒ、俸禄ト云ヒ、ソノ思スデニ山岳ヨリモ高ク、溟渤《めいぼつ》（大海の意）ヨリモ深シ。報謝ノ志浅カランヤ。シカルニ今逆臣ノ讒《ざん》ニヨリ、非義《ひぎ》の綸旨《りんじ》ヲ下サル。名ヲ惜シムノ族ハ早ク秀康《ひでやす》・胤義《たねよし》ラヲ討チ取リテ、三代将軍ノ遺跡《ゆいせき》ヲ全《まった》ウスベシ。タダシ、院中ニ参ゼント欲スル者ハ只今申シ切ルベシ。

（『吾妻鏡』承久三年五月十九日）

同様の趣旨のことは『承久記』にも記されている。意訳しながら紹介しよう。

参集の家人たちよ。とくと想い返してほしい。その昔東国の殿ばらが平家に仕えていたころのことを。賤しき身なりで馬にも乗らず海道を往還していたではないか。故殿の鎌倉開府で京への宮仕えもなくなり、恩賞も与えられ、暮し向きも楽になったではないか。そうした故殿の恩にどのように報いるのであろうか。一族のためそして御恩のために、三代将軍の墳墓をどうして京方の馬蹄で踏み荒らさせることが許されようか。各殿ばらよ、宣旨により京方に参じようとする者は、今すぐ申し出よ。その上でこの尼を殺し、鎌倉を焼き払って京にのぼられるがよろしかろう。

『吾妻鏡』に比べ若干肉付けが見られる『承久記』の場面だが、政子の詞としては特段の相違はない。今を昔に引きもどした政子の演説は、たしかに説得力があった。多くの家人が、幕府成立以前のみじめな生活を思い起こし、鎌倉殿への御恩の大きさをあらためて感じ取ったに違いない。

「群参ノ士コトゴトク命ニ応ジ、カツハ涙ニ溺《しず》ミテ返報ヲ申スニ委《くわ》シカラズ。タダ命ヲ軽ンジテ恩ヲ酬ヒンコトヲ思フ」との『吾妻鏡』の表現はこれを如実に語っていよう。

歴史の教科書をはじめ、承久の乱に言及した書物が必ずというほど引用するハイライトシーンだ。そのことを承知のうえで、屋上屋を架すがごとき引用をつづけたのは、尼将軍たる政子の存在感を再確認したかったからだ。

政子の詞が名演説たる最大の理由は、「非義ノ綸旨」への批判だったからだ。天子の命が絶対的価値をともなっていた以上、「非義」はあり得ない、はずだった。綸旨とはそうした「非義」性と無縁のところに位置していた。そうであるが故に綸旨としての絶対性もあった。

しかし、ここでは明確にそのことが否定されているのだ。王威の象徴たる綸旨の否定は、否定のための否定ではなかった。〝京都か鎌倉か〟の選択を迫った結果での否定だった。

その鎌倉が王威に代わるべく見出したものが、綸旨さえも「非義」とし得る「道理」だった。「坂東の習」として、その生活風習に立脚しつつ醸成された価値観、それが「道理」である。

政子の「最期の詞」が説得力を持ち得た一つの理由は、この「道理」の意義を「非義」と対峙させたことにある。それでは、そこに描かれている「道理」とは何か。それこそが今を昔との対比で明らかにさせた鎌倉殿の「御恩」に他ならなかった。

本領の安堵という開発した土地の領有権の保証、あるいは新恩という新たな所領の給与、いずれもが御恩であった。当時の武士にとって所領は「一所懸命」の語が示すように、他の如何なるものに比べても現実的価値を有していた。

頼朝による鎌倉政権の成立は、政子の詞にあるように、不安定な領有関係の清算を意味していた。地頭職と表現された御家人への御恩は、かれらが内乱期を勝ちぬくことで幕府により与えられた果実でもあった。

多義的な「道理」を現実的な鎌倉側の論理で整理すれば、こんな理解が与えられるはずだ。とすれば、こうした「道理」を実現するためにこそ武家としての幕府の存在意義があるわけで、「綸旨」が王威の象徴だとすれば、「道理」は武威の象徴ともいえる。

くわえて政子の演説の絶妙さは、右の如く「非義」を強調する一方で、義時の追討を幕府の問題に置き換えた点にあった。宣旨の追討対象は義時なのである。下向したばかりの頼経でもなければ、尼将軍政子でもなかった。上皇側にとって政治を臆断《おくだん》する義時を追討の対象とすることで、北条氏の実権を封ずることがねらいだった。王朝権力の再編こそに眼目があったというべきだ。

義時追討の効果が期待以上となり、幕府が瓦解することは望むところだろうが、そうならずとも、北条氏以外の、王朝与党勢力による武権の運営が期待されていたに違いない。

政子は宣旨の目的を充分に察知したうえで、義時追討を「武家」ないし「幕府」の追討へとすり換え、群参する御家人たちの危機意識を煽動したのだ。

政子の詞が御家人たちに刺激を与えたとすれば、〝武士のための政権〟の解体の危機感だった。その危機意識の共有が、かれらを刺激した。

「関東ノ安危」と尼将軍

政子の「最期の詞」により御家人の結束は固まったかに見えた。その後、義時邸に大江広元以下の幕府首脳部が参集、軍議が催された。そこでの全体の趨勢は足柄・箱根両坂を閉じ、京都の軍勢を迎撃すべしというものだった。これに対し広元は、関東での固関《こげん》の方針は敗北を招きかねないとして、京都への進攻を進言した。

義時は決断しかね、二つの意見を尼将軍に具申する。そしてここでもまた政子は、合理的に決断を下すことになる。要は上洛なくして官軍を破ることが不可能ならば、速やかに進撃せよというものだった。広元案に近い決断だった。そして上洛にあたり遠江以東十四カ国へ軍勢催促のため、義時の奉書が出された。相模守時房《ときふさ》・武蔵守泰時《やすとき》を総大将として進撃させること、また式部丞朝時《ともとき》を北国ルートに派遣するので各御家人は参集せよ、というものだった。

だが、数日をへた二十一日には早くも異議が出てきた。本拠を離れ官軍に向かって上洛するのは如何なものか、という意見だ。これについて広元は日時を重ねれば「定メテ変心アルベキナリ」といって、即座に泰時単独においても進発すべしとの建議を行う。

政子は病で欠席した宿老の三善康信《みよしやすのぶ》にもはかり、「関東ノ安否、コノ時ニ至極シヲハンヌ……日数ヲ経ルノ條、スコブル懈怠《けたい》トイヒツベシ」との主張を受け、再度これを鎌倉の戦略方針としたのだった。

この緊迫した情勢にあっても、政子の判断は大所《たいしょ》・高所《こうしょ》からのそれであった。結果的には広元・康信案を採用した尼将軍の判断が正しかったことになる。難局にあっても冷静さを失わない政子の性格が反映されているようだ。

たしかに御家人の多くが本領を離れ、官軍に立ち向かうのは恐怖をともなったはずだ。『増鏡』が載せる次の逸話は、その点で興味深い。上洛する泰時に父義時が訓戒を与える場面である。「今度の戦いの正義はわが武家にあるので、心を強く持ち奮戦するように」と、父に激励された泰時は、翌日再び立ちもどり、天皇みずからが先頭に立ち攻撃した場合の対処を尋ねたのだった。義時はこれに対し、「天皇に弓を引くことはできないので、そのおりは降参せよ。そしてそれ以外では奮戦すべきだ」と答え、これに納得した泰時は再度西上の途についたとの話だ。

右の話は多分に虚構があるようだ。京都側の眼から叙述された『増鏡』らしい描写ということになるが、そこには当時の武士たちの王威＝王権に対する意識が語られている。官軍への反抗がもたらす恐怖だった。日時の経過はその恐怖を増すことになり、これが幕府の結束を乱すことにつながるとの判断は、そうしたことでも正しかった。
泰時は二十二日、十八騎を率い先発した。その後二十五日までには、東海・東山・北陸の三道から十九万騎の幕府軍が、上洛の途についた。
一方、鎌倉にあっては、政子・義時・広元・康信をはじめとした首脳部が、勝利にむけて諸種の祈願に心をくだいていた。

承久の乱のあらまし

二十二日に鎌倉を進発した泰時は、二十六日には駿河の手越《てごし》に到着、東国の御家人も次第に合流し、二十八日には遠江に入り天竜川を渡った。

この間、東軍の上洛の報は、院側にも伝えられていた。「ソノ勢雲霞ノゴトシ」との情報に「院中上下魂ヲ消ス」あわただしさだったという。

六月に入り上皇側は迎撃の態勢を整え、北陸道方面には仁科盛遠《にしなもりとお》らを派し、東海・東山道方面は濃尾の境の木曽川に防衛線をはり、藤原秀康《ふじわらひでやす》以下三浦胤義・大内惟信《これのぶ》・山田重忠らの中核勢力を配した。

両軍は六月五日から六日に川をはさみ対峙したが、幕軍の陣容の前に官軍は劣勢を強いられ敗走する事態となった。敗報が都に届けられるや、同十日に後鳥羽上皇は叡山におもむき、宇治・勢多（瀬田）方面の守備固めをこころみた。

こうした状況のなか、京都を目前とした幕府軍は、勢多方面を時房、宇治方面を泰時と、それぞれが進撃態勢を固め入京にそなえた。十四日に総攻撃が開始され、激烈を極めた戦闘も官軍側の敗色が濃くなり、十五日には時房・泰時の幕府軍が入京を果たし、ここに合戦は幕を閉じた。

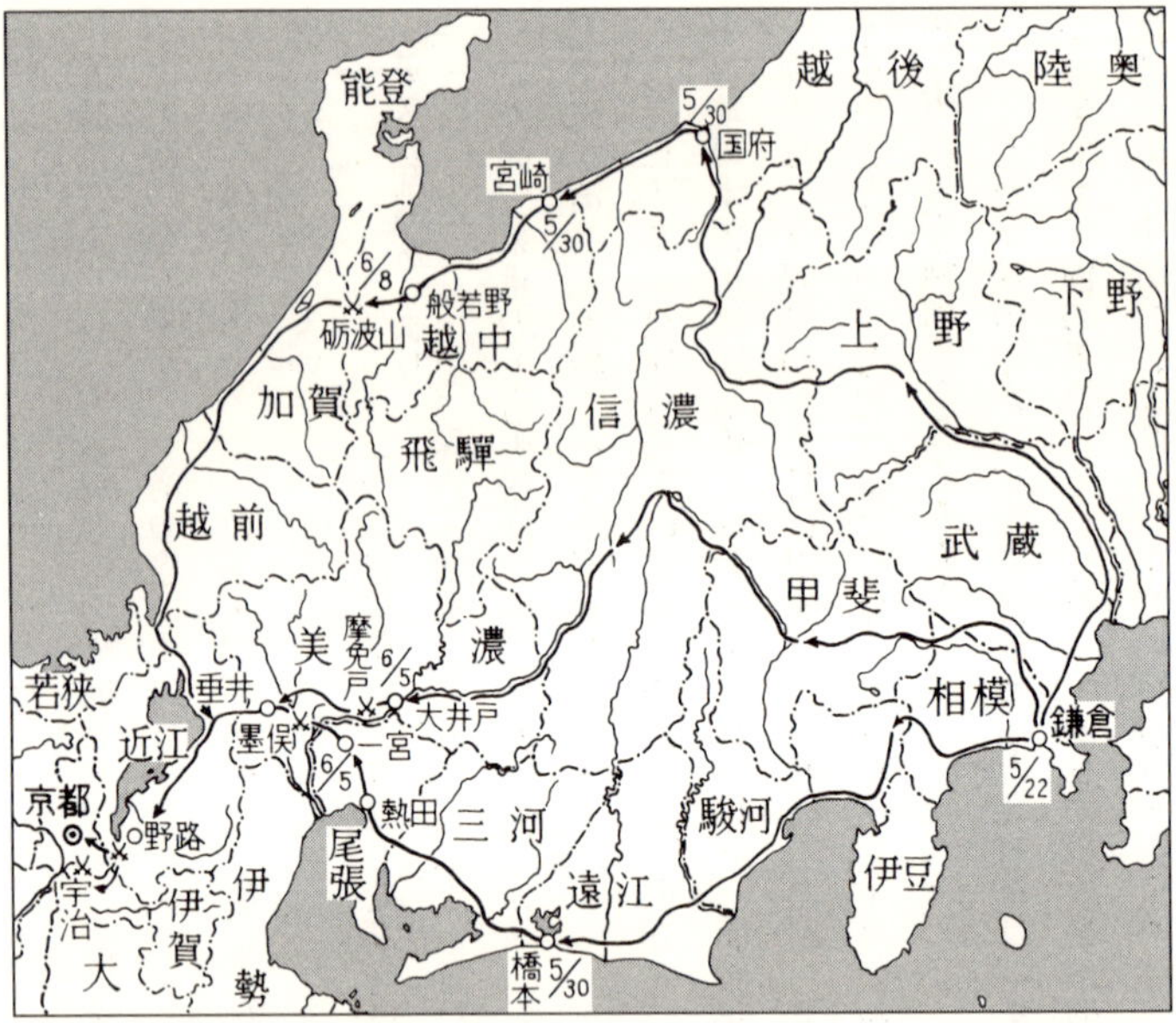

承久の乱関係図（←は幕府軍の進路）（安田元久編『戦乱』近藤出版社より）

上皇側は幕府軍の入京で義時追討の宣旨を撤回し、「今度ノ合戦ハ叡慮ニ起ラズ、謀臣等ガ申シ行フトコロナリ」との弁明をおこない、今後はすべてにおいて幕府の申請のままに宣下することを申し入れ、京方の中心、秀康や胤義への追討宣旨が出された。この結果、胤義や山田重忠は自殺し、秀康らは行方をくらました。

かくして十六日時房・泰時は六波羅入りを実現し、およそ一カ月にわたる戦いは終わった。

鎌倉末から南北朝初期の成立とされる『承久記』には、この合戦の詳細が語られており多少の虚構はあるものの、右の『吾妻鏡』を補ってくれる。『承久記』には京方の記録も参照されており、上皇側の動向が詳しく語られている。

そこには杭瀬川《くいせ》（揖斐川《いび》の流路の一つ）での山田重定（重忠）の奮戦の模様なども指摘されている。戦闘も終局に近づいた六月十日夜には、敗将となった重忠や胤義らが上皇の居所高陽院《かやのいん》をおとずれ、決戦に臨もうとした。

しかし、上皇は「只今ハトクトク何《いづ》クヘモ引退《ひきしりぞ》ケ」との態度で彼らを拒んだことが見えている。これに対し「口惜《くちをし》マシケル君ノ御心《みこころ》哉《かな》、カ、リケル君ニカタラハレマイラセテ、謀叛ヲ起シケル胤義コソ哀ナレ」と、敗将たちの心中を表現する。

軍記物的世界での演出でもあり、真偽は定かではないが、これに近い事実があったのだろう。幕府軍が入京するや、即座に義時追討の宣旨を撤回する便宜主義的な態度からしても、大いにあり得ることだろう。

しかし、考えてみればその便宜主義的な態度こそが、〝負けない敗れ方〟でもあった。危機的状況への対処、身のかわし方という点でいえば、上皇側の態度は武力を持たないもののそれなりの知恵でもあった。

かつて義経問題で頼朝追討宣旨を出した後白河上皇が、入京した幕府軍を前に責任回避をなしたように、である。

以上が承久の乱のおおよそだ。少し政子から話が遠くなりかけているが、幕府の正念場ともいうべきこの乱について、もう少しだけ筆を加えたいと思う。

勝報が鎌倉に届けられたのは、六月二十三日のことだ。「合戦無為《ぶい》、天下静謐《せいひつ》」(『吾妻鏡』)の喜びは大きかった。義時を補佐し、御家人の精神的結束に心をくだいた政子も安堵の思いを強くしたことだろう。

その義時は合戦での勝利の報に接し、「今ハ義時思フ事ナシ、義時ガ果報ハ、王ノ果報ニハ猶マサリマイラセタリケレ」と語ったという。公家を制した義時の強運を「王ノ果報」に対比する形で、『承久記』は右のように表現している。こうした義時の「果報」を支えた一人が、尼将軍の存在であったことはいうまでもなかろう。

乱後の処理

ところで日本国の命運を左右した承久の乱のその後はどうなったのか。戦後処理である。一つは反幕関係者の処分である。後にもふれるが、上皇側に参じた武士には幕府御家人もいた。確信犯ともいうべき御家人への処断は当然厳しかった。

次に朝廷の改造だった。後鳥羽院政を止めたうえで、幼帝仲恭天皇を廃し、後鳥羽の兄にあたる守貞親王を院(後高倉院)に立てて、その皇子の茂仁《ゆたひと》親王(後堀河天皇)を即位させた。そして主謀者の後鳥羽上皇については隠岐、順徳上皇は佐渡へと配流を決した。また順徳の兄土御門上皇については罪を問わなかったが、自ら土佐に移った。さらにかつて鎌倉将軍の候補とされた六条宮は但馬へ、冷泉宮は備前へと配流がなされた。

こうした流罪をふくむ人事関係での処分とは別に、「京方没収地」とよばれた三千余カ所にわたる所領の問題がある。上皇側に参じた公卿・武士の所領は、地頭職という形で勲功の東国武士へ給与されることになった。もちろん荘園には領家職《りょうけしき》はもとより預所職《あずかりどころしき》・下司職《げしき》・公文職《くもんしき》などの種々の名称で表現される収益権があったが、それらの多くは新恩という形で御家人に給付された。

しばしば「東国武士団の西遷《せいせん》」と呼ばれるような東国御家人の西国移住は、この承久の乱での戦果が大きかった。地頭職を新恩として与えられ、中国・九州（鎮西）の西国方面への御家人の移住が画期をなした。

鎌倉幕府にとって、戦後処理での最大の案件は、この膨大な量にのぼる承久没収地の存在だった。単純な比較はつつしまねばならないが、かつて幕府成立期にあって平家没官領は五百余カ所とされたが、承久の乱にあっては三千余カ所ということで、幕府の経済的基盤は数倍増強されたことになる。平家没官領もそうだが、とりわけ承久没収地に関しては西国方面が多かった。その点で鎌倉体制が東国から西国へと進出する契機を、この乱は与えた。鎌倉幕府の全国的展開の足場が築かれたともいえる。

東国・西国ということでいえば、われわれはこの承久の乱について、以下の点にも思いを馳せねばなるまい。それはこの事件が東西における政治的水位を大きく変化させたことだ。西高東低という権力配置でスタートしたわが国の古代国家は、東国の鎌倉を核にして西国に並び得る力を獲得したのだった。

十世紀の将門の乱で始まった東国の政治的主張は、頼朝に至り自立した政治基盤を持ち得た。その東国的世界を全国規模で認知させたのが、三千余カ所の京方（承久）没収地ということになる。

大風呂敷を広げての議論となっているが、政子の時代という観点からもう少し掘り下げたい。それにしても承久の乱とは何であったのか。上皇側にとって本当に敗北すべくして敗北した戦闘だったのか。このあたりを次に考えたい。

3 「華夷闘乱」の意義

承久の乱とは何か

わずか三十年ほどだった。政権としての武家が自立してからはそんなものだった。ここに至るために幕府はどれだけの血を流してきたのか。大量の流血がこの戦いでも必要とされた。その流血は時代が要求したフューレ（瀉血《しゃけつ》）だったのか。西欧中世の十字軍の遠征に用いられたフューレの語を十二世紀末〜十三世紀のわが国の変革期に適当することは無理があろうが、それにしても、政子の時代の、流血の連続にこの語がイメージされる。

本来、治療の目的で患者の体内から血を流出させる瀉血の用語を流用することの可否は別にして、歴史はその転換期に瀉血を要求することは真実だろう。

その意味で、承久の乱は、頼朝に始まった長期の戦いにともないフューレの最終段階との見方も可能だろう。

戦《いくさ》が武士の習《ならい》とはいえ、内乱期をへて樹立された東国の政権は弱さも目立った。源家将軍の断絶はその象徴だろう。将軍暗殺という異常な事態は、たしかに危機だった。鎌倉の危機は京都の好機である。公武の対抗を内に宿したことの必然の結果が、承久の乱だった。

しばしば指摘されることがある。後鳥羽上皇挙兵の無謀さについてだ。だが、これはあまりに結果論からの評価に過ぎるのではないか。将軍不在の自壊作用が鎌倉で進行しつつあったこと、この状況が京都側の討幕計画を促進させた。

『承久記』には実朝以後の義時の思惑を「朝ノ護《まもり》源氏ハ失終《うせをはん》ヌ、誰カハ日本国ヲバ知行スベキ、義時一人シテ、万方ヲナビカシ、一天下ヲ取ラン事、誰カハ諍フベキ」と語り、その驕慢ぶりを指摘する。後鳥羽上皇がこれに対し「動《ややも》スレバ勅定ヲ違背スルコソ奇ナレ」との思いを募らせ、追討にふみきったと指摘する。

同じくその『承久記』は京方（上皇側）武力を三万騎としている。その数の信憑性は別としても、上皇側が挙兵にふみきったさいの武力構成とは、どのようなものだったのか。このことを問うなかで、承久の乱のさらなる意味をさぐっておきたい。

上皇側に結集した武力は三つに大別される。一つは西面の武士に代表されるような後鳥羽上皇直属の武力で、これに準ずるグループが院庁や皇室領荘園から徴兵された武力ということになる。京方の大将軍となった能登守藤原秀康・河内守藤原秀澄兄弟などがその代表格だろう。

これ以外にも熊野別当快実《かいじつ》に代表される有力寺社の僧兵勢力の存在も大きかった。こうした諸勢力は王朝国家以来の伝統的武力であり、畿内および西国方面を基盤に潜在的な力を宿していた。

そしてもう一つの武力が鎌倉幕府の御家人・旧御家人勢力だった。鎌倉グループとでもよび得る人々である。それには三浦胤義（北条氏に殺された頼家の遺児の後見人）や糟屋《かすや》一族（比企氏と婚姻関係）や勝木《かつき》氏（梶原氏の与党）など反北条という流れで結束した勢力。次に大内義信《よしのぶ》（伊賀・伊勢・美濃三カ国の守護）・小野守綱《おののもりつな》（尾張守護）・惟宗孝親《これむねたかちか》（安芸守護）・後藤基清《もときよ》（播磨守護）・佐々木高重《たかしげ》（阿波・淡路守護）・佐々木広綱《ひろつな》（近江守護）・大江親広《ちかひろ》（京都守護）といった畿内周辺の幕府の守護勢力。王朝勢力の膝下《しっか》といった地理的関係や大番役での上洛といった事情で、京方武力に組み込まれたものもあった。最後に一条信能《のぶよし》（頼朝の義弟で一条能保の子）や坊門忠信《ぼうもんのぶきよ》や源光行《みつゆき》（実朝の側近）など、源家将軍の縁故者などが含まれる。

三つ目は、最初の王朝グループにも、二番目の鎌倉グループにも属さない武力だ。治承・寿永の内乱時代の因縁を有する人々である。例えば京方武士の勇者として『承久記』にしばしば登場した山田重忠は、父の重満《しげみつ》時代に木曽義仲軍に属し活躍した武士だったが、幕府成立後は切り捨てられた存在だった。信濃の仁科盛遠《もりとお》もまた一族の盛家《もりいえ》が義仲に従軍していた。平氏の家人もふくめ、こうした非鎌倉グループも多く上皇側の武力を構成していた。

以上、上皇側の勢力を三つに整理したが、ここからも理解できるように、承久の乱が単に武家対公家の二項対立ですまされない面を持つことは明らかだろう。公家（上皇側）の武力が古代的で、鎌倉側が封建的（中世的）との対比で、後者の前者に対する勝利を歴史の必然と解する考え方ではおさまらない。

少なくとも両者の武力に時代を画するほどの質的な差などあるはずもない。そこにあるのは、武力を発動した人々の動機のちがいにすぎない。鎌倉側には守るべきものが具体的な形で存在したことの強さがあった。「道理」に裏打ちされた所領の保全と、それを失うことへの恐怖、これが幕府軍を支えた力だった。

かつて失うものがなかった東国武士たちは、頼朝とともに戦い、内乱期を勝ちぬき、失うものを獲得するまでに成長していた。この三十年ないし四十年の時間が、東国の幕府を成長させたのだ。

他方、王朝側の武力は三つの諸勢力の集合体だった。そして武力発動にさいしての最大の弱点は、動機の多様性と希薄性だった。そこには王権の持つ求心力により忠誠を誓う人々も少なくなかっただろうが、怨念や不満のみでの与党化では、やはり結束力に欠けたことは否めなかった。

王朝側の敗因を挙げても仕方がないだろう。が、いずれにしてもその敗北を必然と考えることはできない。

ここに至って、承久の乱とは何であったのか、という問いにも一つの解答が見えはじめたにちがいない。それは京方の武力構成からもわかるように、幕府成立後三十年程度しか経っていない段階の事件であったことからすれば、京都・鎌倉双方にくすぶりつづけた内乱以降のエネルギーを通分＝清算した点にあった。

武家と天皇
——承久体制

公家＝「クゲ」は、かつて「コウケ」ともよばれた。古代における公家は「オホヤケ」つまりは朝廷そのものだった。その公＝公家の胎内から武家は誕生した。武士はそのはじめ、「兵」（つわもの）とよばれ、平安後期以降しだいに自己主張の度合いを強めていった。

十世紀半ばの将門の乱は、その「兵」による自己主張を象徴する出来事だった。坂東・東国の自立を標榜した将門の夢は流産に終わるが、ここから二世紀の道のりのなかで、「兵ノ家」「武ノ家」が成長してゆく。頼朝による武家政権の樹立は、それまで「公家」（コウケ）の一部でしか拠点を持ち得なかった武士に、「武家」としての自立と自覚を与えたところに意味があった。

こうした「武家」の成長にともない、「公家」は「コウケ」から「クゲ」と呼称されるにいたる。公家がオホヤケ＝公として、国家権力のすべてを掌《つかさど》ることを放棄し、軍事部門を武士へ委譲するという流れが、そうした呼称の変化をもたらした。

鎌倉を磁場として成立した頼朝の政権が革命的であったのは、これが王朝体制の外に立ったことにある。反乱に始まった謀叛の政権が体制の内に入ったのは、やはり内乱の十年を経過した以後のことだった。公家・武家としての相互の権門での権力分掌のシステムは、武家が幕府という政治機構を創出したことで誕生する。

承久の乱は日本の歴史のなかで、武家の居場所が最終的に確定された事件でもあった。頼朝により創出された東国の政権は、地域としての東国が軍事権門を樹立した自己主張の成果だった。だが、その権力基盤はさほどに強固ではなかった。鎌倉的種子の移植を全国レベルで可能にするうえで、この乱が果たした役割は大なるものがあった。

こうした点とは別に、承久の乱がわが国の歴史に与えた影響の一つは、「至尊」と「至強」の分離・分裂を明瞭にしたという点だろう。福沢諭吉がその著『文明論之概略』で指摘してもいるように、東アジア的専制国家モデルの特色は、「至尊」と「至強」が一致・統合された中国的皇帝の世界だった。

わが国にあっても古代律令制にもとづく時代は、その東アジア的な場と同居していた。大雑把ない い方をすれば、鎌倉の幕府体制は、東国に従来とは異なる武権の磁場を築くことで、「至強」的世界を増殖させていったのだった。そうした点では承久の乱は、「幕府」という政治システムを是とするか非とするのか、その選択を問うた事件だった。

頼朝の開府は後白河院による王朝体制が連続して譲歩するなかで実現したものだった。その意味では王朝・公家側の意志とは無関係に成立したものだ。承久の乱は、結果は別として、王朝側の明確な意志にもとづく、鎌倉体制への物言いだった。

それは「至尊」と「至強」を合体させる試みだった。しかし歴史はそれを選択しなかったのである。以後の歴史は「至強」の幕府の存在を前提とする形で、室町・江戸と武家政権の時代がつづく。

この間、一時的ではあるが、後醍醐天皇による建武政権が「至尊」と「至強」の再統合をこころみるが、成功しなかった。いささか大げさないい方をすれば、承久の乱後の三上皇の配流という未曽有の出来事により、「至強」と「至尊」がそれぞれに権力と権威の両極を分かち合うシステムが確立されたのだった。承久の乱はそうした点で、かかる公武の住み分け（承久体制）を可能とした。

『増鏡』もこの承久の乱を評し、「承平の将門、天慶の純友、康和の義親、いづれもみな猛かりけれど、宣旨には勝たざりき」と指摘したうえで、保元そして平治の乱にも言及し、天皇（王権）の強さを語りつつ、最終的には、この乱での三上皇の配流という事態で王権も変化を余儀なくされたとする。

義時の死と「華夷闘乱」の遺産

承久の乱にさいし、義時の死を予期し「五ノ思」と語った政子の詞は、現実のものとなった。承久が貞応《じょうおう》と改元された三年目のことだった。乱後の諸事多端の心労が重なったのか、義時が倒れた。六十二歳だった。

「前奥州（義時）ノ病痾《びょうあ》スデニ獲麟《かくりん》（最期のこと）ニ及ブ……日者《ひごろ》脚気《かっけ》ノ上、霍乱《かくらん》（暑気あたりの諸病）計会ス」（『吾妻鏡』貞応三年六月十三日）と、死去の様子を伝えている。

政子が六十八歳を迎えた年のことだ。頼朝の死去以来、ともに幕政を切り盛りしてきた義時の死は、彼女にとって最後の節目となった。弟であり同志ともいうべき義時の存在は、最良のパートナーだった。

承久の乱後、義時の死までの三年間、政子の身辺にはどんなことがあったのか。『吾妻鏡』からひろっておこう。

乱が終結した承久三年の秋から冬にかけては、戦後処理の日々がつづいた。幼少の頼経の後見として、尼将軍の下知《げち》（命令）ですべてが運営された。承久没収地について「二品禅尼、件ノ没収ノ地ヲ以テ、勇敢勲功ノ深浅ニ随ヒテ、面々ニコレヲ省《はぶ》キ充《あ》ツ」（『吾妻鏡』承久三年八月七日）と差配のことが見えている。

実質的な執行・差配は、義時・時房さらに泰時が中心となったことは当然だが、尼将軍の重みが何よりもまして大きかった。信賞必罰の原則にしたがって京都側の公卿の多くが斬首された。そうしたなかで政子との縁を頼る者も少なくなかった。

例えば源《みなもとの》有雅《ありまさ》。小笠原長清《おがさわらながきよ》が彼を預り、甲斐に下向する。政子は有雅の助命嘆願を許可したが、これが届く以前に誅されるという悲劇もあった（『承久記』・『吾妻鏡』）。

また坊門忠信の場合、上皇側につき、宇治合戦にも大将軍として参じ、捕らえられた。妹が実朝の室であった関係もあって、その嘆願を政子は「カノ旧好ニ就キテ」（『吾妻鏡』承久三年八月一日）として、許した。

北条義時墓所（北条寺・静岡県田方郡伊豆長岡町）

そして、これまた尼将軍の計らいとして、法橋昌明《ほっきょうしょうみょう》の場合がある。常陸房と称し延暦寺の僧と伝えられるが、かつては時政の時代に源行家《ゆきいえ》（頼朝の叔父《おじ》で義経に帯同）の追捕にも名を馳せた人物だった。乱の直前に京方への参陣を求め但馬国に来た院の使者を斬り、関東への忠節を示したことを賞し、同国の守護職に補任したことが見えている（『吾妻鏡』承久三年八月十日）。義時もまたこの昌明の行為を是とし、「華夷闘乱ノ間、将命ヲ受ケテ上洛」するのは当然だが、朝幕間の戦闘の行方が定かならざる以前に院使を梟首《きょうしゅ》して関東への恭順の態度を明らかにした行為を称賛したという。

義時がみずから語ったように、承久の乱はまさに「華夷闘乱」に他ならなかった。王威と武威、公家と武家、京都と鎌倉、西と東の諸要素がここには含意されている。政子そして義時が昌明の行為を賛じたのは、頼朝以来の「御恩」を選択したその忠節だった。「華」の王権と「夷」の武権の「闘乱」にあって、「夷」を惑うことなく選択した行為とその行為を支えた信念への称賛だった。

政子も義時も、頼朝の「御恩」を事あるごとにいい募ってきた。それが実を結んだことになる。「華夷闘乱」に勝利した今、「夷」たる自覚に立ち、承久体制をさらに充実したものにすることが、彼らの課題でもあった。

翌貞応元年（一二二二）から義時死去の同三年までの間は、政子に関しての目立った記事は少ない。義時とともに大慈寺に参詣したり、五仏堂の千日講の結願に参じたりの日々がつづいた。京都から迎えた頼経は六歳になっていた。貞応二年五月五日の節句の祝いには義時とともに頼経邸におもむき宴を張るなど、関東の安泰を祈念している。

この時期、承久の乱の余波もようやく落ち着いたようだった。義時の死は、その余波の鎮まりを待つかのようにおとずれた。本来この義時にこそ政治が託されるはずだった。政子に代わるべき後見として義時への路線は完成していた。が、現実には義時の死により、鎌倉には再び政治の喧噪《けんそう》がおとずれる。

政子の最後の出番だった。

国定教科書と義時

人物評価の物差《ものさし》は時代とともに変わる。その時代が共有する歴史観が尺度といってよい。

当たり前のことを取り立てて述べるのは、評価の振幅という点で義時のそれもまた大きいからだ。

その幅が大きいというのは、それだけ人間として興味あることの証《あかし》なのだが、歴史の残酷さは時として、それを時代の正義という形で評価することにある。義時はその好例だった。

一般に中世の義時の評価はさほど悪くはない。本文にも少しだけ例に出した南北朝時代の『神皇正統記』でさえ、そうなのである。〝でさえ〟とは、これが北畠親房の南朝正統主義に立脚した歴史観であることを前提としているためだ。

動乱期を体験した親房にとって、義時は頼朝と同じく、世の混乱を平定した点で評価に値する人物だった。皇室に抵抗し、上皇を配流したことは、大きな問題ではなかった。親房は明らかに後鳥羽上皇側の非も指摘している。「時ノイタラズ、天ノユルサヌコトハウタガヒナシ」と。

その後、義時の評価は封建道徳が強調される近世江戸期には、順逆史観も手伝って旗色が悪くなる。ただし、武家政治の時代でもあり、そこでは制御もはたらいていた。それは江戸後期に登場した水戸学の立場でも同じだった。

「承久ニ兵ヲ挙ゲテ、以テ王師ニ抗シ、三上皇ヲ迫脅シテ、之ヲ海島ニ遷ス、悖逆《はいぎゃく》ノ甚ダシキコト、古今未ダ有ラズ」とは、江戸時代の『大日本史賛藪《さんそう》』の義時評だ。順逆史観に立脚

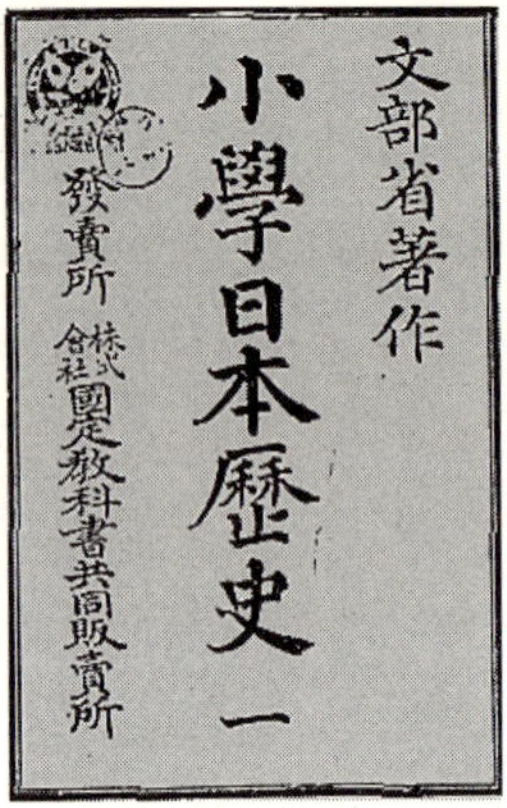

国定教科書（鶴見大学蔵）

した近世的評価の代表的なものだろう。要は王権に敵対し、三上皇を配流した義時の非が指摘されている。

ただし近世風味の同書もすべてに義時の非を主張しているわけではなく、後鳥羽上皇側にも「不善ノ政ヲ施《おこな》ヒ、殆《ほとん》ド、生霊ヲシテ塗炭《とたん》ニ堕《おと》サシム」との評も忘れていない。これは王権の側にも非とすべき点があったという指摘だ。

このように、中世の『神皇正統記』に比べて、近世の『大日本史』では順逆論の立場から義時への非難が色濃くなっている。

そして近代では義時は逆賊という形で、最低の評価を与えられる。とりわけ明治末から大正・昭和期の国定教科書の義時像がこれを代弁している。

明治三十六年（一九〇三）の第一期国定『小学日本歴史』には、「この時、朝廷には、賢明なる後鳥羽上皇ましましき。上皇は、かねて、幕府のわがままなる行を、にくみたまひ、……義時は、政治を朝廷にかへしたてまつらざるのみならず、そのわがままなる行、ますます重《かさな》りき。されば、上皇は、つひに、仲恭天皇の承久三年に、義時の罪をならし、鎌倉を亡さんとて、大いに、同国の兵を集めたまひき。……これを承久の乱といふ」

明らかにヴァイアスがかかった記述ぶりだ。悪いのはすべて鎌倉武家と義時との見方だ。「幕府のわがまま」観ということになろうか。それでも、この第一期国定はまだ節度が保たれている。

これが大正九年（一九二〇）の第三期国定『尋常小学国史』ともなると、次のようになる。

「後鳥羽上皇は御生れつき厳格にましく、……義時しばく上皇の仰にそむきしかば、上皇大いにいきどほりたまひ、仲恭天皇の承久三年に、遂に国々の武士を召して義時を討たしめたまへり。……義時すなはち上皇に従ひたてまつりし人々を、或は斬り或は流し、おそれ多くも後鳥羽上皇を隠岐に……世に之を承久の変といふ。武人、天皇の思召にそむき……三上皇を遠流にうつしたてまつりしが如きは、かつて例なき大事変にして、義時の無道こゝに至りて極まれりといふべし。」

いささか冗長な引用となったが、同じ国定でも大正期のそれは、さらに過激となったことが理解できよう。ここに特徴的なのは、皇室の「例なき大事変」が強調され、その結果として、「承久の変」の呼称が登場していることだろう。「承久の変」の表現は江戸時代以来、ほとんど見られないが、近代もこの時期になり天皇制が明治期以上に重くなっていることがわかると思う。

義時像はそうした時代の鑑《かがみ》ということになる。

そこには、理由の如何を問わず、皇室に抗《あらが》う義時への批判があった。王権復古を標榜しつつスタートした明治国家の原形質がそのまま継承されていることからすれば、それも当然なのだが……。

順逆史観なり皇国史観から解放された現代においては、右のような見方は意味をなくしたのだが、時代を無視した人物論の弊害はやはり大きい。

第六　政子の章――嘉禄元年　夏

1　政子の消息

終わりの章のここでは、嘉禄元年（一二二五）の死にいたる政子の最晩年を語り、あわせてその生涯をふり返ることとしよう。

時代が育んだ女性

「加様ニ若ヨリ物思フ者候ハジ」（こんなに若いころから悲しくつらい思いを経験した者はいないはずだ）とは、幾度か引用した『承久記』の中の政子の詞である。承久の乱にさいし、御家人たちを前にしての例の場面での表現だ。自身の辛酸を「女人五障」とも語るその詞に、政子の人生が凝縮されている。

「姫御前ニ後《おく》レマイラセ」た政子は四十一歳だった。薄幸の長女大姫との二十年間は、あるいは母としての最良の時間だったのかもしれない。

「大将殿ニ後レ奉」った政子も、鎌倉殿夫人として充実した時節を頼朝と共有したに違いない。四十三歳で尼御台となった政子は、自身の立場を自覚することになる。

「左衛門督殿ニ後レ申」した政子は、政治の現実を我が身のうちに体験した。頼家の将軍更迭の決断だった。〝不肖の鎌倉殿〟の始末をどのようにつけるかの正念場だった。

そして政子六十三歳のおり「程無ク右大臣殿ニ後レ奉リ」という悲劇に遭遇する。実朝を擁しての義時との二人三脚体制のなかで、政子の政治的役割が大きく浮上した時期だ。頼家についで、この実朝もまた非業の最期をむかえた。

「四度ノ思《おもひ》ハ已《すで》ニ過《すぎ》タリ」と語った政子の最大の試練が承久の乱だった。「権大夫打タレナバ、五ノ思ニ成ヌベシ」と義時への結束をうながす政子の態度に関東の危機が表明されていた。

政子が語ったとされる『承久記』の内容は、自身の節目であると同時に、幕府政治の画期にもある。「加様ニ若ヨリ物思フ者候ハジ」とは、そうした政子の苦しかった人生の総括が示されている。彼女が体験した人生五つの節目をみずからが「女人五障」と語るのは、その象徴的表現だ。

多くの血を流すことでしか安定し得なかった幕府の権力闘争に身をおかざるを得なかった政子は、時代が育んだ女性だった。

ここでの課題は、そうした政子自身の死までを射程に入れながら尼将軍の時代を考えることにある。

政子の書状

『承久記』が語る政子の心情は、さもありなん、と思わせるほどに説得力がある。政子も自筆の書状（口絵参照）において、子女たちを喪った悲しみを「母が嘆きは、浅からぬことに候」と語っている。神護寺所蔵の書状は、いつの時点のことかは不明だが、文面から察するに子女を亡くした政子への見舞いにたいする返事だと思われる。

推測するならば長女大姫か次女の乙姫を失ったいずれかの時期ではなかろうか。日付の七月二十五日からすれば、その死は、これをさかのぼることさほど遠くない時期と考えるのが自然だろう。大姫の死は建久八年(一一九七)七月十四日であり、乙姫の場合正治元年(一一九九)六月三十日なので、どちらも可能性が高い。

頼家・実朝のいずれかの可能性も否定できないが、横死という状況からしても考えにくい。そうした穿鑿はともかくとして、母として遭遇した悲劇を、あるまじき世の習いとして諦観しつつも、なお諦めきれない悲しさから、仏の道に精進することで懸命に逃れようとする政子の気持ちが、痛々しいほどに伝わってくる。


御文たしかにうけたまはり候ぬ。

もとさ候まじきことならばこそハ
世中ならひに候。おどろくべからぬことに候。

かやうの事の候へばこそ、心もよくもなることに候へ。

いたくおもふこと候はぬも、かへりおそれ候。

仏道のなれといのることばかりこそ候べく候へ。は丶がなげきは、あさからぬことに候。

七月二十五日

〈御手紙たしかにいただきました。そうあってはならないことが、この世の習《なら》いなのでしょうか。かようなことがあればこそ心も善くなるのです。心痛むことのない方がかえって恐れ多いことなのです。今は仏道の成就を祈るばかりです。しかし、母としての嘆きは深く、慰めることがかなわないほどで心細いかぎりです。〉

大略はこんなところだろうか。政子の心痛がよく語られている内容だろう。

鎌倉の不安

義時の死はあまりに突然だった。葬礼は五日後になされた。「故右大将家ノ法華堂ノ東ノ山上」を墳墓とした。朝時《ともとき》・重時《しげとき》・政村《まさむら》の北条一門をはじめ、三浦義村以下の宿老御家人が参列した。「傷嗟シテ涙ニ溺ル」とは、これに列した人々の表情を伝える『吾妻鏡』の表現だが、政子としても想いは同じだった。

義時の訃報は六月十六日、六波羅の泰時のもとに伝えられた。翌十七日の早暁に出京した泰時の入鎌は二十六日のことだった。伊豆を経由しての鎌倉参着だった。義時の死去後の家督をめぐる騒擾もあり、それをうかがったうえでの泰時の動きであった（『保暦間記』）。この日、遅れて別途出京した北条時房《ときふさ》と足利義氏《あしかがよしうじ》の両人も、ともに鎌倉に到着した。義時の死後、家督不在の鎌倉には不安な気配が漂っていた。

尼将軍の役割は、すみやかに義時の後継を決定することだった。二十八日、政子のもとをおとずれた泰時は、時房とともに頼経の後見に任じられた。「相州（時房）、武州（泰時）、軍営ノ御後見トシテ、武家ノ事ヲ執リ行フベキノ旨」（『吾妻鏡』）が、政子より伝えられたことが見えている。

亡き頼家と同世代にあたる甥の泰時は、四十を越えた分別の齢に達していた。承久の乱にさいして、単騎鎌倉を発ち、御家人たちの信望を集めた泰時を、政子は義時の後継としたのだった。

その決定にさいし長老大江広元《ひろもと》は、政子に次のように進言したという。


後継者の決定が延々《のびのび》となり、今日にいたったことは遺憾なことです。世上の安危についても人々が疑念を持つようになっています。決めるべき後継者については、すみやかに沙汰すべきです。

（『吾妻鏡』貞応三年六月二十八日）


ここには無用な混乱を避けるためにも後継人選を急ぐべきことが語られている。つづけて義時死去後の「世上ノ巷説縦横《こうせつじゅうおう》」（世間の種々のうわさ）ぶりに言及し、泰時の鎌倉下向が義時の後継をねらう弟たちの討滅のため、との風聞も指摘している。

広元の危惧もここにあった。こうした風聞による世上の不安を除くことこそが急務だった。ポスト義時にふさわしい人物として、政子は義時の嫡子の泰時を選んだのだった。

事典風に泰時を紹介する必要はないが、彼が、義時の政治姿勢を継いだことはいうまでもない。「華夷闘乱」を現実の戦闘のなかで体験した泰時は、「夷」たる鎌倉体制の継承を担うべく期待された。

政子の、頼経後見役としての泰時への期待もそこにあった。義時が表現した「華夷闘乱」を、泰時

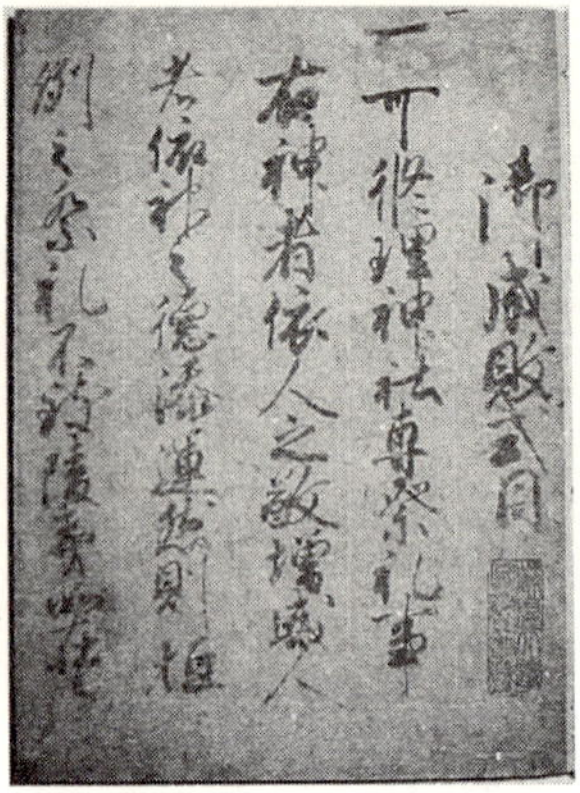

『御成敗式目』（鶴見大学蔵）

は『御成敗式目』という法の世界で体現したともいえる。「律令ノ亀鑑」に対比された「関東ノ鴻宝」たる武家法典の登場が、この泰時の時代になされていることは、やはり注目されねばなるまい。

政子そして義時が承久の乱にさいし「綸旨《りんじ》」に対抗する論理を「道理」に見出すことで、武家の拠りどころとしたが、泰時はその「道理」を『御成敗式目』の世界で具現化させたのだった。

「凡《おおよそ》保元、平治ヨリコノカタノミダレガハシサニ、頼朝ト云人モナク、泰時ト云者ナカラマシカバ、日本国ノ人民イカガナリナマシ」との有名な『神皇正統記《じんのうしょうとうき》』の一節のごとく、泰時の評価はいたって高い。その限りでは政子の眼力に誤りはなかったことになる。

だが、一見スムースになされたかに見える泰時政権への移行にもそれなりの暗闘があった。先に広元が指摘した状況が進行していた。

2　尼将軍、最後の出番

「鎌倉中物忩ノ事」――伊賀氏事件

『吾妻鏡』は義時死去後の鎌倉の政治状況を「鎌倉中物忩ノ事」（貞応三年七月五日）と表現している。「物忩」の具体的内容は伊賀氏による泰時排斥事件だ。伊賀氏は義時の後室の一族で、承久の乱にさいし上皇側の武力に抵抗し討滅された京都守護の光季は、その兄にあたる。

乱の最初の犠牲者ともいうべき光季の武功に報いるため、争乱終結後には政子みずからが、光季の遺子を呼び寄せ激励したこともあった（『吾妻鏡』貞応二年六月二十八日）。その伊賀氏の一族に不穏な動きが見られた。一般に後室伊賀氏の陰謀とされるこの事件の概要は次のとおり。

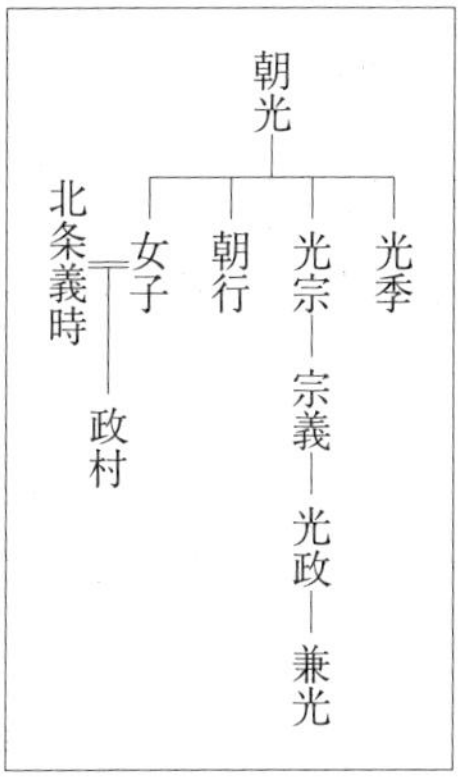

伊賀氏系図

光季の一件や義時との関係もあって、伊賀氏は幕府内に一定の地歩を築くにいたっていた。とりわけ光季の弟の光宗《みつむね》は政所執事の要職にあり、後室伊賀氏の頼りとするところでもあった。伊賀氏には義時との間に政《まさ》村《むら》がおり、またその女婿に藤原実雅《さねまさ》をむかえていた。したがって政村は泰時の異母弟にあたり、実雅については一条能保《よしやす》の三男でもあり、源氏との関係も深い人物だった。その伊賀氏が光宗と謀って、政村を執権に、実雅を将軍とする陰謀を企てたとするものだ。

『吾妻鏡』はこの間の事情を「奥州ノ後室モマタ、聟宰相中将実雅卿ヲ挙シテ、関東ノ将軍ニ立テ、子息政村ヲ以テ御後見ニ用ヒ、武家ノ成敗ヲ光宗兄弟ニ任スベキノ由、密カニ思ヒ企テ」（『吾妻鏡』貞応三年六月二十六日）と説明する。

泰時の周辺筋では右のような伊賀氏側の動きを警戒し、その旨を泰時自身に伝えたが、「不実」（事実ではない）とし、動ずる気色を示さなかったとある。

右の記事だけからすると、証拠不充分を理由に泰時は静観の構えをくずさなかったようだ。「巷説縦横」のなかには泰時の下向を「弟等ヲ討チ亡ボサンガタメ」との風聞もあった。

それ故に伊賀氏側も警戒した。「四郎政村ガ辺《あたり》物忩《ぶっそう》」とは、そうした状況下での伊賀氏側の反応だったのだろう。

泰時の慎重な行動はその点でも評価されるべきなのだろう。〝泰時神話〟が点在する『吾妻鏡』での記述であり、そのことも差し引かねばなるまいが……。

それにしても、この伊賀氏陰謀事件はかつての牧氏事件と類似している。後室＝外家が主体となっている点でも共通する。排される対象は実朝ではなく頼経ということになるが、将軍や執権の代替わりのたびにこうした事件が起きている。「鎌倉中物忩」とはどうやら今回の伊賀氏の事件にのみ該当するものではなく、鎌倉の政治史を貫く共通項でもあるようだ。陰謀と謀叛で彩られたこの世界にあって、疑心暗鬼《ぎしんあんき》はつきものだ。

伊賀氏事件は、そうした疑心が疑惑をよぶことで起きた可能性もある。泰時が風評を「不実」とする態度をとったのも、疑心を抱く伊賀氏を刺激することを避けたかったからだろう。

右の解釈はあくまで可能性である。実際はこの伊賀氏が陰謀をなしたとの前提で出来事は推移した。真相は不明なのである。伊賀氏が実際に仕掛けたのかもしれないし、そうでないのかもしれない。この事件の本質をなすものが疑惑と風聞に由来したことは、確かなようだ。鎌倉という場には風聞を〝現実〟に仕立てる気配が存在していた。

不安と疑惑の交差するなかで、誰かがこれを押し止めなければならなかった。政子は再びここに登場した。尼将軍最後の仕事だった。

「濫世」か「和平」か

義時から泰時政権への流れのなかで、伊賀氏との内紛は危険を胎んでいた。政子はその危険な芽を摘むべく登場した。六十九歳の老尼とはいえ、幼い頼経に代わり鎌倉を差配する責任が彼女にはあった。

ところで当初、静観の構えを取っていた泰時だったが、事態は次のように進んでいった。

泰時と叔父の時房が鎌倉入りを果たすと、これと前後するかのように、六月二十七日に北条時盛《ときもり》（時房の子）、時氏《ときうじ》（泰時の子）が京都に向けて出立した。「世静カナラザルノ時ハ、京畿ノ人意モツトモ疑フベシ」との泰時側の判断からだった。

七月に入り伊賀氏側の動きはさらに活発となった。光宗兄弟がさかんに三浦義村のもとに出入りしているとの報が届けられた。義村は政村の烏帽子親《えぼしおや》だった。

「コレ相談《あひだん》ズル事アルカノ由、人コレヲ怪シム」と、いかにもという感じの『吾妻鏡』の語りなのだ。さらにこの七月五日の夜には光宗兄弟が義時旧宅に集《つど》い「密語」をなしたとの報告も泰時のもとに寄せられていた。だが、ここにいたっても泰時は「武州敢ヘテ、動揺ノ気ナシ」との態度を保った。かりに脚色がなければ、泰時という人物はまことに上に立つ者の鑑《かがみ》ということになるのだろうが、このあたりはいささか、出来過ぎの感がしないでもない。あるいは泰時なりの情報収集と分析がなされたうえでのことなのか、ともかく動ずる気配がなかったという。

政子が義時の後継と目すに足る人物だったことになるが、その政子が、「鎌倉中物忩」（『吾妻鏡』三年七月五日）という事態に腰を上げた。七月十七日、尼将軍は三浦義村をたずねる。「近国ノ輩競ヒ集マリ、門々戸々ニ於テト居《ぼっきょ》ス、今ダ大イニ物忩」という状況下でのことだ。「女房駿河局バカリヲ以テ御共トナシ、潜カニ駿河前司義村ガ宅ニ渡御ス」とあり、義村宅へは目立たぬ形での出御《しゅつぎょ》だったようだ。

二品仰セテ云ハク、奥州ノ卒去ニ就キテ、武州下向ノ後人群ヲ成シ、世静カナラズ。陸奥四郎政村ナラビニ式部丞光宗等、シキリニ義村ガ許ニ出入シ、密談ノ事アルノ由風聞スコレ何事ゾヤ、ソノ意《こころ》ヲ得ズ、モシ武州ヲ度《はか》リテ独歩セント欲スルカ、去ヌル承《さん》久逆乱ノ時、関東ノ治運、天命タリトイヘドモ、半バ武州ノ功ニアルカ、オヨソ奥州、数度ノ烟塵《えんぢん》ヲ鎮《しづ》メ、干戈《かんか》ヲ戦ハセテ静謐《せいひつ》セシメヲハンヌ。ソノ跡ヲ継ギ、関東ノ棟梁タルベキ者ハ武州ナリ、武州ナクンバ、諸人イカデカ運ヲ

久シウセンヤ、政村ト義村トハ親子ノゴトシ、何ゾ談合ノ疑ヒナラカンヤ、両人事ナキ様ニスベカラク諷諫ヲ加フベシ

（義時が死去し泰時が鎌倉入りして以後、世情が騒がしくなっている。政村と光宗らが何度もお前のもとにおもむき密議をなしているとのうわさが自分の耳にも入っているが、これはどうしたことなのか。その真意が計り難い。泰時を亡きものにして自立の志を果たそうとの心算なのか。承久逆乱のおり関東の命運は天の為すところとはいえ、泰時の武功によるところが大きかったはずであろう。また義時については幾度もの鎌倉の危機を救い安泰に導いた人物であったはずだ。その義時の跡目を継ぎ関東の棟梁となるべき者は、泰時しかいない。泰時がいなければ、関東はどうして安泰でいられようか。お前と政村とは親子同然で、何らかの相談もあったはずであろう。政村や光宗の両人にはお前から諫めねばならないはずであろう。）

政子の説諭は、義村に猛省をうながすとともに、三浦一族に節度ある行動をうながしたものだった。動揺する政村にたいして、さらに政子は「政村ヲ扶持セシメ、濫世ノ企《くわだて》アルベキヤ否ヤ、和平ノ計《はかりごと》ヲ廻ラスベキヤ否ヤ、早ク申シ切ルベシ」（政村に助力し陰謀に加わるか、泰時と協力し和平の方策をさぐるか、いずれを取るのか、はっきりせよ）と語ったという。

まさに緊迫した模様が伝わってくる場面だ。かくして、義村は政子に対し、以下のように語っている。

政村は逆心がないが、光宗たちは何らかの謀事があるようなので、制止を加えたい。

あざやかな政子の仕切りで、義村の離反を未然に防ぐことができた。義村は翌日に泰時邸におもむき逆心無き旨を釈明している。

義時の四十九日法要がなされた七月三十日の夜、鎌倉は再び騒動の気配をなした。なお不穏な情勢はつづいていたようだ。かくして翌閏七月一日政子は頼経をともない泰時のところにおもむき、義村を招き宿老たちを前にさらなる訓戒をなすことになる。

上《かみ》幼稚ノ間、下《はん》謀《ぎゃく》逆禁ジガタシ、吾憖《なまじひ》ニ以テ老命ヲ活《い》キ、ハナハダ由ナシトイヘドモ、各《おのおの》ナンゾ故将軍ノ記念ノ儀ヲ存ゼザランヤ、シカラバ命《めい》ニ随ヒテ一揆ノ思ヒヲ成スニ於テハ、何者カ蜂起アランヤ。

（若君が幼少のために反逆する者もいる。私ははからずも露命をつないでいる身で役には立たないが、各人は故頼朝将軍の恩を忘れたわけではないはずだ。したがって、命令にそむかず一致協力するならば、何人とも謀叛など起こすことはできないだろう。）

翌々日の閏七月三日には、政子の処断で光宗・実雅ら謀叛人の送還がなされ一件落着となった。光宗は信濃に配流、伊賀ノ方は伊豆の北条へ幽閉、公卿の実雅は京都に帰したうえで越前に配流とした。

政子最後の出番はかくして終わった。『吾妻鏡』的には伊賀氏により仕組まれた将軍擁立事件の危機を、尼将軍の英断ですみやかに乗り切った、ということである。

それはともかく、いささか気になる点がある。七月三日の謀叛人の評議に泰時の名が見えないことだ。泰時は伊賀氏の陰謀について終始消極的であったらしく、この事件に関して、政子との間にわずかながらすき間が生じたとも考えられる。

とすれば、〝疑わしきは罰す〟との政子的手法は、若き泰時の好むところではなかったのかもしれない。禍根を断つことで将来の安泰を計る政子の立場は、幾多の闘諍を生きぬいた知恵でもあったのだが……。

3　北条政子の遺産

尼将軍時代の終焉

政子にとって最晩年の難事だった伊賀氏の一件は終わった。義時死去にともなうあわただしい一年だった。この年の暮れ年号は元仁と改元された。疫病が流行、翌元仁二年春にいたっても猛威はおさまらなかった。その結果この年の夏には嘉禄と改元された。その嘉禄元年五月二十九日「二位家（政子）御不例」となった。

六月に入り、政子の病気平癒の祈願がなされた。そんなおりに大江広元が七十八歳の高齢で他界した。頼朝死後、義時とともに政子の良き相談者だった広元の死は、病床の政子にはショックだったに違いない。「二位家御不例」はさらにつづく。「増気」と「減気」の病勢がくり返されるなかで、七月十一日丑《うし》ノ刻（午前二時）、六十九歳の生涯を閉じた。

「コレ前大将軍ノ後室《こうしつ》、二代将軍ノ母儀ナリ、前漢ノ呂后《りょこう》ニ同ジク、天下ヲ執リ行ハシメタマフ、若《もしく》ハマタ神功《じんぐう》皇后再生セシメ、我国ノ皇基ヲ擁護セシメタマフカト云々」と、『吾妻鏡』は最大級の賛辞を記す。

翌十二日、政子死去のことが伝えられた。出家する男女が多かったという。居所勝長寿院《しょうちょうじゅいん》において荼毘《だび》にふされた。

当時八歳の頼経が元服したのは、政子の死の半年後のことだった。尼将軍の死は、新しい鎌倉の主を誕生させた。実朝死後七年におよぶ尼将軍の時代はここに終焉をむかえた。この間、最大の難局ともいうべき承久の乱があり、「女人入眼《にょにんじゅがん》ノ日本国」の行方が試されもした。義時が死に、泰時へとバトンが渡されたおりにも、鎌倉の内紛があった。そこでもまた政子の指導力がものをいった。

前漢の呂后や神功皇后に比されようと、政子は中世という時代が育んだ女性であることに変わりはない。危機に直面しての強さは、政子の魅力だろう。七十年におよぶ政子の生涯は平家全盛の時代に生を受け、頼朝の挙兵とこれにつぐ内乱の時代を漕ぎぬいた。鎌倉を舞台とした闘諍も見聞した。時としてわが身をその渦中にさらすことで悲劇も体験した。そうした悲しみと辛さが政子を強くさせていった。

七十年の生涯は、彼女を妻からも母からも無縁なる場に追いやっていた。かかる境涯になったことの不幸を想うこともあったに違いない。だが、一方で「前大将軍ノ後室、二代将軍ノ母儀」としての存在が政子を規定したことも事実だった。

彼女は自己の運命にしたがい、忠実に「後室」と「母儀」の立場で、その遺産を守りぬいた。危機にさいし、政子が語る詞には、常に「源家三代ノ遺跡」のことが指摘されていた。

彼女が語る中身は原理と原則で満ちている。われわれが政子の強さに一種の共感をおぼえるのは、そのことへの回帰がなされているからなのだろう。

文学趣味の政子論は埒の外でもある。最後に政子が生きた時代をふり返りながら、その意味についてまとめておこう。

北条政子とは何か

歴史上の人物の意義を考える場合は、「何か」の問いにもそれなりの手がかりは必要だろう。

手がかりのための目安の一つは、時代のなかで政子の特色をさがすことだ。

中世が古代的な律令的統一原理の解体のなかで成立したことはいうまでもない。均一化・斉一化の古代からの解放が個性の時代、中世を生み出した。『平家物語』的世界に共通する、個性あふれる大鎧《おおよろい》の色目に代表される個の系譜は、それを語っていよう。宗教的分野での選択《せんじゃく》・易行《いぎょう》・専修《せんじゅう》という個性主義もまた、中世という時代にみあう形で誕生した。

政子はそうした時代の女性だった。東国・坂東の気風は自身の運命を、自らの手で切り拓くことを要求した。彼女が流人たる頼朝を周囲の反対を無視し、自らが信ずる方向で選択したのは、その中世的東国の気風が大きかったのだろう。選択の中世は、政子自身の個性を認めた。あらゆる可能性のなかで頼朝を選択させる自由を、である。

そして当然のことだが、その自由には責任がともなった。己の判断で信ずる行動をなした以上は、これに従うという自己責任だ。政子はこれを実行した。「厳毅果断、丈夫ノ風有リ」との『大日本史』の政子評も中世という時代に即応した女性像として見れば、あながち的外れでもなかろう。

武家政権成立後の政治的危機にあって彼女が自らの信念で選択した途は、大局として日本国のその後を決定することとなった。「女人入眼ノ日本国」に政子は、明らかに主役として登場したのだった。中世はまさしく政子的な女性の登場をうながす条件を準備することになった。

こうした時代のなかで育まれた政子の個性は、与えられた運命とともに自身を変容させていった。御台所・尼御台そして尼将軍と、それぞれ応じた役割を政子に与えたのだった。

二つ目は環境だ。妻から母へ、そして尼将軍へと脱皮するなかで、政子は政治的環境のなかに自らを引き入れていった。とりわけ尼将軍としての政子の存在は最も大きい。この点を権力の問題に引きつけながら論ずれば、以下のように整理できよう。

承久の乱は北条執権体制の確立を決定的なものとした。このことはしばしば指摘されていることだ。別の見方をすれば、この乱は源家将軍体制との決別を意味していた。鎌倉が「至強」の極として存立し得るための条件をこの乱は与えたことになる。そこには源家将軍を必要としなくなるまでに成長した武権の自立があった。承久の乱は広く武権の確立に寄与したのみならず、北条政権への新たなる脱皮を実現した。

尼将軍たる政子の役割は、その面でも大きかったようだ。源家将軍から摂家将軍への橋渡しをなしたことに加えて、北条氏による執権体制への移行へのキーパーソン的役割を果たしたのが、政子ということになろう。

これまた『大日本史』には「北条氏ノ政ヲ得ルコト、ケダシ政子ニ由《よ》ル」と指摘していることでも明らかなごとく、北条氏の覇権に政子が果たした役割には、極めて大きいものがあった。

その点で、『太平記』（巻九）に載せる次の話は興味深い。

北条高時《たかとき》の疑心を晴らすために、妻子を鎌倉に留め起請文《きしょうもん》をしたためた足利尊氏《たかうじ》に対し、高時は源家相伝の白旗一流を与えたという。その白旗の由来を「故頼朝卿ノ後室、二位ノ禅尼相伝シテ、当家ニ今マデ所持候也」と語っている。ここにあって政子は、頼朝以来の源家の白旗一流の相伝を許された存在だった。源氏と北条氏を結びつけた人物として位置づけられているのだ。

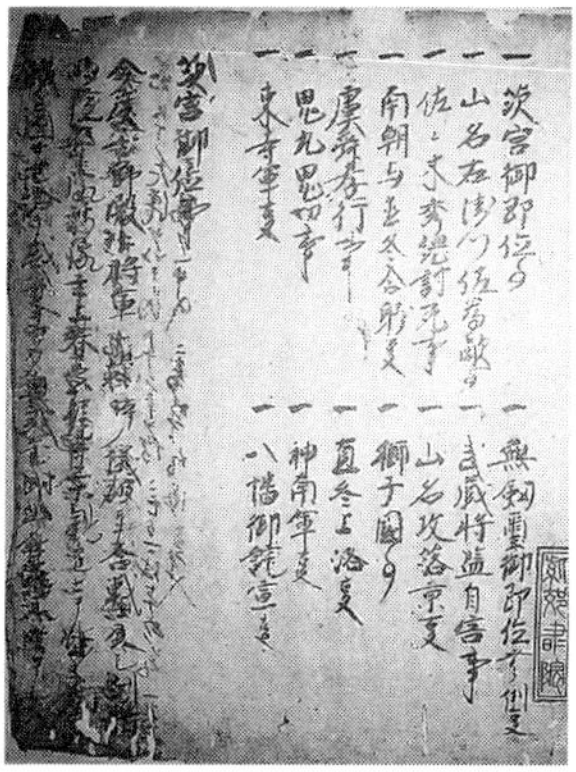

『太平記』（鶴見大学蔵）

政子自身が伊賀氏の一件で三浦義村に語ったように、承久の乱での勝利は天運であるとともに、義時・泰時の力によったことはいうまでもない。この両人が政務と軍務のエキスパートとしての役割を担ったことが勝因をもたらすことになった。

そしてそれ以上に大きかったのが尼将軍の存在だった。政子の存在それ自体の重みなのである。それは義時にも泰時にも替わりのできないものだった。「前大将軍ノ後室、二代将軍ノ母儀」という立場だった。

頼朝のカリスマ性を源家三代のうちに引き込み、自らも「後室」「母儀」にもとづくカリスマ性を彫磨《ちょうま》することで、御家人に臨んだのだった。「実朝夭亡以後、大方天下ノ事口入《くにゅう》セラレケリ」とは、『保暦間記』(嘉禄元年七月十一日)に載せる政子評だが、右の立場が政子にそのような威風を与えたのだった。政子のカリスマ性は、その与えられた政治的環境(源家三代との血の結合)と深く関わっていたのである。

時代と環境から政子について考えてみた。いずれにしても政子の真骨頂は、政治や権力という場から離れては存在しない。その点では政子という人物は、鎌倉幕府の政治史を考えるうえで不可欠の存在だったといえる。何よりも源家将軍から摂家将軍という権力の平行移動においても、将軍から執権へという権力の垂直移動においても、それぞれに政子の関与が大きかったようだ。政治権力における触媒性を自らの使命とした女性であると総括できるだろう。

演説の名人

『吾妻鏡』には政子の詞と称するものが、それなりの数にのぼる。静御前を称賛する場面も、将軍頼家を訓戒する場面もそのうちのひとつである。そして圧巻が例の承久の乱での演説だ。さらに伊賀氏事件での三浦氏への説諭である。いずれもが長文で政子の存在感がクローズアップされている。論理の組み立てと事柄の本質を鋭く見抜く眼力は、なかなかのものだろう。もし、これが『吾妻鏡』の編者の手をへていないとすれば、〝演説の名人〟といってもよいほどの手腕ということになる。

考えてみれば、『吾妻鏡』での政子は、この演説の場面でのアピール度がことのほか大きいということに気づくはずだ。個人としてこれほど訓戒・説諭のことが記されている人物はいない。頼朝にしろ、義時にしろ『吾妻鏡』に登場する量は政子の比ではないが、その質においては彼女に比べるべくもない。われわれが政子の人となりを推測する過半は『吾妻鏡』に散りばめられた名演説からに他ならない。彼女が指摘している事柄の多くに感動を覚えるとすれば、そこに筋が通った主張が見えているからなのだろう。

静御前の舞を見て、怒りをあらわにした頼朝をたしなめたのは、愛する人への心情を擁護する同情の念が根底にあった。安達景盛の妾を横恋慕した頼家をしかったのも人の道を踏み外すことへの戒めだった。

そして承久の乱においての演説も、鎌倉殿との主従の契りを説き、御恩への報い方が諭されているからだ。伊賀氏事件での三浦義村への諷諫では、和平か濫世かの選択を義村に迫るという接し方で、これまた筋の論をつらぬいていた。

ここに見るように政子の演説は徹底した「筋《すじ》論《ろん》」で語られている。その特色は道理に裏打ちされた強さだった。妻あるいは母の、さらには尼将軍としての立場での発言ではあろうが、政子がそうした場で光を放つのは、立場を超えた〝人としての道〟が織り込まれているからなのだろう。

政治的正義が信念と同居して、内紛や紛争そして合戦となるのは、歴史の教えるところだ。多く男の論理は〝状況〟をふりかざす傾向がある。政子の演説の曇りのなさは、この〝状況〟から距離があることなのではないか。現状追認というよりも原則回帰ということになる。政子の論理はこの原則回帰の確認なのである。筋を追求した彼女は、その意味で中世の東国が生み出し育んだ女性ということになろう。

終章　伝説を歩く――史跡からの証言

1　霊威の神々

伊豆山権現――「はしりゆの　神とはむべそ　いひけらし　早きしるしの　あればなりけり」（『金槐和歌集』）と実朝が詠じた走湯の神は、伊豆山（走湯山《そうとうさん》）権現とよばれ、箱根権現とともに、三島社とならぶ幕府の聖地（「二所詣《にしょもうで》」）とされた。

「吾ニ於テ芳契アリ」

伊豆山権現は政子にとっても生涯の忘れ得ぬ地だった。頼朝と出会い、自らの判断でその運命を選びとった場、それが伊豆山だった。

「件ノ娘、兵衛佐《ひょうえのすけ》ニ志《こころざし》深カリケレバ……カノ女ハ終夜《よもすがら》伊豆山ヘ尋ネ行キテ、兵衛佐ノ許ニ籠リニケリ」とは、『源平盛衰記』（巻十八）が語る政子の伊豆山行きの場面だ。時政が都より大番役《おおばんやく》を終え、伊豆へと戻る途中で流人頼朝と娘との不祥事を耳にし、驚いた時政が平家への聞こえをはばかり、同行の山木兼隆《かねたか》に政子を嫁すとの話だ。

伝説・説話の宝庫ともいうべき『源平盛衰記』の世界での話だが、類似のことは伊豆山を舞台にあったようだ。『吾妻鏡』が語るこれまた著名の一節である。

君流人トシテ豆州ニ坐シ給フノコロ、吾ニ於テ芳契《ほうけい》アリトイヘドモ、北条殿時宜《じぎ》ヲ怖レ潜《ひそ》カニ引籠メラル、シカルニ猶君ニ和順《わじゅん》シ、暗夜ヲ迷ヒ、深雨ヲ凌《しの》ギ、君ノ所ニ到ル。

政子の熱情を伝えるこの逸話には、何物にもたじろがない意志が語られていよう。伊豆山は、この二人の約諾《やくだく》の場でもあった。

標高にしてわずか七〇〇メートルの伊豆山は、熱海の街を眼下に見おろしている。明治に入り、伊豆山神社とよばれた。山頂に建てられた社殿にいたるには、海浜の走湯《はしりゆ》より約九〇〇段余の石段を上がる。鬱蒼《うっそう》と木々が茂った頂《いただき》には、伝説の地にふさわしく頼朝・政子の腰掛石が見えている。勧請《かんじょう》の神々の摂社《せっしゃ》・末社が本殿の傍に鎮座する。

『走湯山縁起』によると、応神天皇《おうじんてんのう》の二年に相模の唐浜の海に現われた神鏡を日金山に祀ったことが始まりだとする。温泉を湧出させ民衆を救うとの神鏡の託宣がなされ、承和《じょうわ》三年（八三六）に甲斐国の修行者賢安《けんあん》なる者が、走湯山権現の霊夢で千手観音像を得た話も見えている。

相模国の湯河原《ゆがわら》から伊豆の熱海を海岸沿いに南下する右手に伊豆山がある。伊豆半島の東側の入り

伊豆山神社（静岡県熱海市）

口を扼《やく》する位置にあたり、かつては僧徒も多かったという。先の『源平盛衰記』に伊豆山に逃れた政子を時政と兼隆があきらめたのは、多数の僧兵がいたためだったとある。

信仰の霊場は霊威を背負った武力の拠点でもあった。政子は頼朝挙兵のおり、その伊豆山の住侶《じゅうりょ》の文陽房覚淵《もんようぼうかくえん》の坊に身を潜めていた。彼女は同じく伊豆山にいた法音《ほういん》なる尼僧に、戦場におもむく頼朝に代わり般若心経その他の経典勤行《ごんぎょう》を願い出ている（『吾妻鏡』治承四年八月十八日）。

地図を広げて改めて気づくのは、幕府にとって聖なる場の位置関係だ。走湯山（伊豆山）が半島の付根の東側に位置し、西側には伊豆国一宮として知られる三島社がある。いうまでもなく三島は古来、東海道の拠点であり、東海道は今日の国道一号線沿いに北上していた。

箱根権現はその延長上に位置した。よってこの箱根神社を中心に伊豆山と三島社が三点で結ばれる位置にある。

ちなみに北条の地がある韮山《にらやま》は、伊豆国の国府《こくふ》三島の南方に位置する。頼朝の挙兵がその三島社の祭礼の日になされたことは、よく知られているところだが、北条と三島との地理的関係を考える上で興味深い。そして地勢的関係でいえば、伊豆山もまた遠くはない。

『吾妻鏡』には「土肥ノ辺ヨリ北条ニ参ズルノ勇士等、走湯山ヲ以テ往還ノ路トナス」とあり、この伊豆山を経由したコースが用いられていた。土肥《とひ》はいうまでもなく湯河原・真鶴《まなづる》方面に位置し、挙兵当初より参陣した土肥実平《とひさねひら》の拠点である。そうした関係から挙兵にむけての情報の交換基地としての役割も担っていたのだろう。

石橋山の戦場は真鶴をさらに小田原方面に向かって北上したところにある。敗走した頼朝が椙山《すぎやま》を彷徨したあげく、真鶴崎より安房に逃れたのが八月二十八日のことだった。このあたりからは伊豆山も望まれる。伊豆山で頼朝の安否を気づかう政子のもとに、頼朝の安房渡海の報が届けられたのは九月二日のことだった。

「効験無双」――日向薬師への祈り

相模国日向《ひなた》薬師、ここもまた政子との関係が深い。承元四年（一二一〇）六月政子はここを訪れている。「尼御台所相模国日向薬師堂ニ詣デシメ給フ」とある。政子五十四歳のことだ。前年には疱瘡を病んだ実朝の平癒《へいゆ》のために熊野詣も行われており、この薬師詣の目的も三代将軍の無事を祈ってのことだろう。

翌建暦《けんりゃく》元年の七月にも政子は、実朝夫人とともにこの地に詣でている。実朝本復を祈願してのことだ。時房以下大江親広《ちかひろ》・小山朝政《おやまともまさ》・三浦義村・安達景盛など、有力諸将十人の供奉にそれぞれが郎従十数騎を率いての参詣だったと『吾妻鏡』は記す。

政子はこの年の冬に金銅《こんどう》の薬師三尊像《やくしさんぞん》を発願・供養し、これを鶴岡八幡宮に安置したことも見えており、薬師仏への帰依《きえ》が厚かったようだ。

日向薬師と政子との関係は頼朝時代にもあった。建久三年（一一九二）に政子が実朝を出産したおりのことだ（『吾妻鏡』建久三年八月九日）。安産祈願のために相模国二十七社の諸社寺に神馬《しんめ》奉納と、誦経《ずきょう》がなされた、その一つに日向薬師が数えられた。

また建久五年八月八日条には次のようにある。

将軍家、相模国日向山ニ参リタマフ。コレ行基菩薩ノ建立《こんりゅう》、薬師如来ノ霊場ナリ、当国ニ於テ効験無双《こうげんむそう》ノ間、思シメシ立ツト云々、御騎馬、水干《すいかん》ヲ着セシメタマフ。

畠山重忠を先陣に有力諸将五十騎余での参詣だった。「コノ御参ノ事、内々姫君ノ御祈」とも語られており、大姫の病気平癒を願ってのことだった。

本論でも指摘したように、志水義高の一件以来、健康を害した大姫の回復祈願は政子にとっても大きな関心だった。「効験無双」の薬師への祈願こそがすべてだったのだろう。

江戸期の『新編相模国風土記稿《しんぺんさがみのくにふどきこう》』には、寺内には本堂の薬師堂をはじめ鐘楼・東照宮・天満宮・観音堂・役行者堂などに加え、別当宝城坊などの諸坊が列記されており、壮大な伽藍の山岳霊場地であったことをうかがわせる。

日向薬師のバス停の少し先を左に入り、参道を十五分ほど登れば、樹林に囲まれた茅葺《かやぶ》きの本堂に

日向薬師（神奈川県伊勢原市）

着く。宝城坊とともに歴史の変転の面影が残されているようだ。本尊は平安中期頃の作とされる鉈彫《なたぼり》一木造《いちぼくづくり》薬師如来両脇侍《わきじ》像。鎌倉前期の作とされる阿弥陀如来坐像、薬師如来坐像、日光・月光菩薩像、四天王立像などが有名だ。これらの諸像のいずれかが、政子や頼朝の眼にふれたことを思い合わせれば興味深い。

今日の行政区画では神奈川県伊勢原市に属しており、大山《おおやま》の東丘陵に位置する。前述の『風土記稿』では「和名抄《わみょうしょう》」の大住《おおすみ》郡日田《ひた》郷に比定されている。日向山は大山の東にあって日影をさえぎるものがなかったことが、その由来だと説く。吉田東伍《よしだとうご》『大日本地名辞書』には、日向は古語で「比比多」と記し、これに由来したと解説する。

日向山霊山寺《りょうせんじ》と呼称されたこの寺には、さまざまな伝説がある。行基《ぎょうき》の開基、それ自体が伝説の領域だろうが、役行者《えんのぎょうじゃ》にかかわる話もある。持統天皇の十三年に役行者が八管山《はずけ》（愛川町）に来山したおり、百体の薬師仏を彫り空中に投じたうちの一つが、日向薬師だとする。かつて伽藍の一つでもあった役行者堂は、この伝説に由来する。

また平安末期に相模国司として下向した大江公資《きみすけ》の妻の乙侍従《おつのじじゅう》（歌人の相模）は、「遥なる程に在りし折、目に煩《わづら》ふことありて、日向と云ふ寺に籠りて薬師経など読せし」（『相模集』）とあり、眼病にも験力《げんりき》があったようだ。効験・験力といえば、頼朝は歯痛平癒のために足利義兼をここに遣わし祈願したとある。（『吾妻鏡』建久五年十月十八日）。

この日向薬師は中世をつうじて信仰されたようで、室町時代の紀行歌文集『廻国雑記《かいこくざっき》』（道興《どうこう》の作）にも、文明十八年（一四八六）冬にここを訪れたことが記されている。「大山を立出で、霊山という寺に至る。本尊は薬師如来にてましますとあり、「日向寺といふ山寺に一宿し歌を詠じ」たことが記されている。

2　菩提の寺々

政子の夢と寿福寺

政子はしばしば夢を見ている。例の『曽我物語』の夢買いの話でもわかるように、中世人《ちゅうせいびと》にとって夢は神託・託宣と同じものと解されていた。彼女が見た夢については、尼御台や尼将軍の時代の記録に多く散見されるようだ。

例えば『吾妻鏡』建暦三年（一二一三）四月四日条には、甲冑《かっちゅう》を着した秀衡《ひでひら》の霊が政子の夢に入り、平泉寺《へいせんじ》の陵廃を嘆いたとある。承久三年（一二二一）三月二十二日条には、由比浦に浮かぶ鏡から託宣があり、兵乱の予兆を告げ太平のためには泰時を頼むべし、との夢想を得ている。

そして同じく『吾妻鏡』建仁二年（一二〇二）二月二十九日条には、次のような話も見えている。

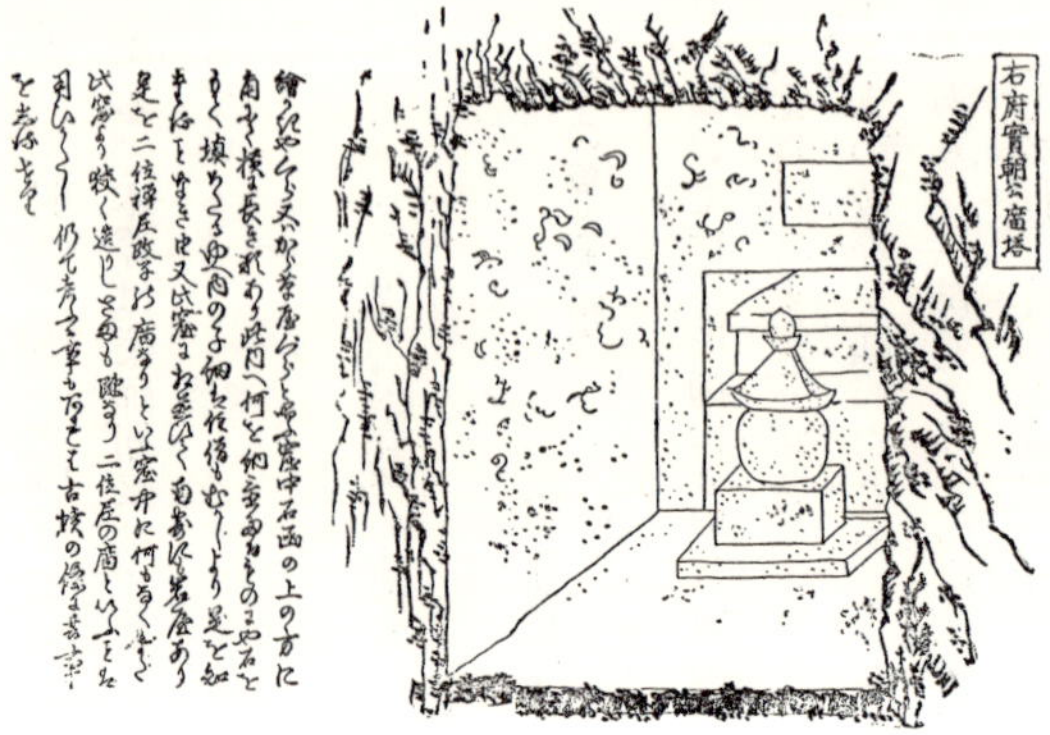

寿福寺の実朝廟塔（『鎌倉攬勝考』より）

政子の建立した寿福寺《じゅふくじ》についてのものだ。故義朝が政子の夢に入り沼浜の義朝の旧宅を亀谷《きこく》堂（寿福寺）に寄付すべし、との夢想を得たという。「吾常ニ沼浜ノ亭ニアリ、シカルニ海辺漁ヲ極ム、コレヲ壊《こぼ》チテ寺中ニ建立セシメ、六楽ヲ得ント欲ス」。義朝は黄泉《よみ》からかく語ったとある。

政子の寺ともいうべき寿福寺のことが『吾妻鏡』にはじめて見えるのは、正治《しょうじ》二年（一二〇〇）閏二月のことだ。「尼御台所ノ御願トシテ伽藍ヲ建立」とある。この前年の正治元年六月、次女の乙姫が死去しており、政子の嘆きの様子が記されている。

乳母《めのと》父の中原親能《ちかよし》は出家し、姫君を親能の亀谷堂の傍に埋葬したとあり（『吾妻鏡』正治元年六月三十日）、その亀谷堂が寿福寺のことだとすれば、ここは乙姫の供養のための寺でもあった。頼朝死後その追善も兼ねてのことなのか、政子は亀ケ谷《かめがやつ》の地に伽藍の建立を思い立つ。かつてこの地は頼朝が鎌倉入りのさい、自らの居所としようとしたところだった。

ここは頼朝の父義朝が館を構えていた由緒ある土地柄でもあった。義朝と主従の関係にあった岡崎《おかざき》義実《よしざね》（三浦一族で義明の弟）が、その供養のために堂宇《どうう》を建立したおり、そうしたこともあり御所の件は沙汰《さた》止《や》みとされた所だった。

政子は、頼朝の素願《そがん》を自らの手で実現すべく、この地を選んだのであろう。おりしも正治元年、葉上《ようじょう》流の祖と仰がれた栄西《えいさい》上人が鎌倉に来ており、政子は当時五十九歳の名僧に深く帰依し、この亀ヶ谷の地に伽藍建立を企図した。臨済《りんざい》禅を鎌倉の地に広めようとした栄西にとって、政子は最大の檀那（パトロン）だった。

「亀谷山寿福金剛禅寺《きこくさんじゅふくこんごうぜんじ》」、これが正式の呼称である。横須賀線を北鎌倉に向かう道沿いに位置する。山門前には、昭和三年（一九二八）の「源氏山」についての鎌倉町青年団の碑が建てられている。

源氏山ハ初メ武庫《むこ》山ト云ヒ、亀ヶ谷ノ中央ニアル形勝ノ地ナルヲ以テ、又亀谷山トモ称セリ……或ハ旗立山ト名付ク山ノ麓寿福寺境内附近ハ、爾来源氏世々ノ邸宅タリシ地ナリト云フ……。

このように、簡略にして要を得た説明がほどこされている。

茅葺きの朱塗りの山門をくぐると苔生《こけむ》した参道が続き、本堂の背後には、標高一〇〇メートルほどの源氏山が迫っている。あらためてこの亀ヶ谷が義朝の居所たるにふさわしい要害の地であったことが想像される。かつての武蔵大路に面したこの地は、鎌倉の要路にあたっていた。

謡曲『鶴岡』にも「緑毛の亀が谷、丹頂の鶴が岡」と謡われ、鶴と亀との対比に由来する地名を連想させてくれる。

寿福寺の墓所と源氏山が接する崖には、多くの「やぐら」群を目にすることができる。その「やぐら」の一画に政子と実朝のものと伝えられる二基の五輪塔もある。水戸光圀《みつくに》が編した『新編鎌倉志』には、江戸期のものながら「絵かきやぐら」の通称にふさわしい図が模写されている。

ちなみに実朝の墓とされる岩窟は、牡丹《ぼたん》と唐草との模様を胡粉で彩色しており、政子の方も彩色された痕跡があるという。考古学的知見と重ね合わせても、この五輪塔は鎌倉末から南北朝期のものとされており、これが政子・実朝に関係するとの確証はない。

ただし、寿福寺が政子の寺でもあり、また『吾妻鏡』には実朝がここに幾度も参じたとあり、そうした関係で例の「絵かきやぐら」の主を、後世には政子・実朝に引きつけた伝説がつくられたのかもしれない。あるいは別に次女の乙姫の供養塔の可能性もあろう。

安養院の供養塔

政子の墓あるいは供養塔と称するものは、右の寿福寺以外に、安養院の境内にもある。江戸時代の『新編相模国風土記稿』は、ここにある政子の廟塔について、次のように記している。

安養院境内に、二位尼の廟塔と称するものあり。訝《いぶか》しきものなり。霊牌もありて、法号を寺号とすれども、其銘文、殊にあざやかなり。此塔の如きもの三基あれども、文字も分明ならず。右の方は尊親《そんしん》といふ文字見らるのみ。是は古き世代の僧の石塔なるべし。此塔のみ、法号、没年月迄いと鮮明なるはいかにやあるらん。

名越《なごえ》の四ツ角を北に釈迦堂谷《しゃかどうがやつ》方向に向かう道沿いに位置するこの寺は、祇園山長楽寺安養院《ぎおんさんちょうらくじあんよういん》という。現在は浄土宗に属している。門前の説明文を読みながら境内へと入る。本堂裏の最奥の崖下に数基の五輪塔や宝篋印塔《ほうきょういんとう》などが見える。

正面右方の巨大な尊親の宝篋印塔と並んで、左方には小ぶりの宝篋印塔が確かめられる。後者が政子の供養塔と伝えられるものだ。徳治《とくじ》三年（一三〇八）の銘を持つ前者の宝篋印塔には月輪で囲む蓮華座《れんげざ》上に金剛界《こんごうかい》四仏の種子《しゅじ》（仏や経典を記した梵字）が刻まれている。

寺号の安養院は政子の法名「安養院如実妙観大禅定尼」に由来するが、寺にはその位牌と法体の政子像（口絵参照）も安置されている。政子像の代表的なものとして知られているものだ。この寺の来歴はいささか複雑である。

安養院の宝篋印塔
（『鎌倉攬勝考』より）

寺伝では嘉禄元年（一二二五）三月、政子が頼朝の菩提を弔うために佐々目谷（佐介ヶ谷の内側）に律宗寺院を建立し、願行《がんぎょう》上人を

政子供養塔（安養院・神奈川県鎌倉市）

開山《かいさん》とした旨が記されている。ただし、この願行は時代的に鎌倉末期の人物でもあり、開山とするには疑問も残るようだ。

さらに寺伝には、高時《たかとき》滅亡後に、長谷の稲瀬川の辺から現在地の善導寺の跡に移り、それ以来安養院と号したという。前にふれた尊親はこの善導寺の創建者で名越《なごえ》朝時《ともとき》（北条泰時の弟）の子にあたる。安養院が名越派の本山というのはそうした関係によるのだろう。

要するに安養院は、政子が佐々目谷に建てた律宗の長楽寺が、鎌倉の末に善導寺に移ったことに由来する。

また、ここは田代観音ともよばれ坂東三十三札所の第三番に数えられている。これについては江戸時代の延宝八年（一六八〇）十月に鎌倉に大火があり、そのおり比企ガ谷《ひきがやつ》にあったかつての田代観音堂も焼亡し、再建のときにここに移されたという。田代信綱《たしろのぶつな》の守本尊とされる千手《せんじゅ》観音がある。信綱は田代冠者《かじゃ》として『吾妻鏡』にもしばしば登場する。頼朝の挙兵以来、源氏の一門として活躍した人物である。

また境内の一隅には謡曲の史跡「景清娘人丸之墓《かげきよ》」もある。摩滅した角柱の石塔がここに移されたのは昭和の初期のことだという。

安養院はこうした種々の伝承が重なりあっている。政子の供養塔とされるものが、どのような経緯でここ安養院にあるかは、右のこと以上に定かにはならない。ただしこの寺の来歴を考えた場合、政子伝説が明確に語られ出す鎌倉末期をさかのぼらないことはまちがいないようだ。伝説と伝承が史蹟をつくる。そんな一面を安養院の政子供養塔は伝えている。

3 政子の素願《そがん》

大御堂谷・勝長寿院

勝長寿院の一画に政子の晩年の居所は建てられた。当時南新御堂《みなみしんみどう》とよばれた。貞応《じょうおう》二年（一二二三）に尼御台の素願として建立がなされたという（『吾妻鏡』貞応二年八月二十日）。この新御堂は政子が大姫の死を悼み、追善供養のために発願されたが、頼朝の死で実現できないままになっていた。晩節の最後の望みだった。「二位家ノ新御所ノ御持仏堂、造畢《ぞうひつ》の間、本尊ヲ安置シタテマツル、コレ右大臣家（実朝）御平生、御本尊ナリ」（『吾妻鏡』貞応二年八月二十七日）とあり、政子の亡き子女への想いが凝集する場として、南新御堂が建立されたことがわかる。隣接の勝長寿院には実朝が葬られている。

勝長寿院跡（神奈川県鎌倉市）

今日われわれは、その南新御堂も勝長寿院も目にすることはできないが、大御堂《おおみどう》谷とよばれたこの地に、頼朝が源家の菩提寺ともいうべき勝長寿院を建立したのは、文治元年秋のことだった。平家滅亡のその年、御台所《みだいどころ》として落成供養に臨んだこともあった。そんな想い出の地が、持仏堂を兼ねた政子の新しい住まいとなった。

金沢《かねさわ》道（六浦《むつら》道）沿いから滑川《なめりがわ》にかかる大御堂橋を渡り、山あいのゆるやかな坂道をのぼりつめると、阿弥陀山麓の大御堂谷とよばれる場所だ。現在は宅地開発がすすみ、鎌倉青年会の勝長寿院史跡碑が見えるだけだ。

かつてこの大御堂谷一帯が勝長寿院の堂宇だった。狭い谷あいの平坦地を利用した伽藍だったろう。『東関《とうかん》紀行』に「石巌のきびしきをきりて、道場の新なるを開きし」とあることからも想像ができそうだ。

また、同じく鎌倉時代の紀行文の双璧とされた『海道記』にも、「南の山の麓に行きて大御堂新御堂を拝すれば仏像烏瑟《うしつ》のひかりは瓔珞《ようらく》眼にかゞやき、月殿画梁のよそほひは、金銀色をあらそふ」とあり、完成したての新御堂の壮麗さが語られている。

この新御堂を含む大御堂谷一帯は、草創期の鎌倉幕府の聖なる拠点の一つだった。頼朝時代には八幡宮・永福寺《ようふくじ》そして勝長寿院と三大聖地に数えられる地域である。政子がその大御堂谷に自らの御所を営んだことは、彼女の意識を理解するうえで興味深い。

義朝の尊霊をここに移した頼朝は、ここを源家の墓所とした。非業の死に倒れた実朝も建保七年正月、ここに葬られた。実朝はかつてここで「生きて見むと思ひし程に散りにけりあやなの花や風たたぬまに」（『金槐和歌集』）と詠じてもいる。

その大御堂谷の一画に、亡き大姫のために素願がかなえられた。夫頼朝と子女たちをつなぐ場として、政子はここを最晩年の居所とした。それ以前は将軍実朝邸や、現在は宝戒寺《ほうかいじ》のある小町執権邸を居所としたようだ。この小町邸は元来は義時の住居であったが、義時死後は政子が、そして政子死去後は時房がここに入っている（『吾妻鏡』嘉禄元年七月二十三日）。

彼女の亡骸《なきがら》は嘉禄元年七月、この大御堂谷で煙と化した。

政子の死後、二位家法華堂と称されたこの地に、延応元年五月、政子追善供養の潔斎ための浴室を堂の傍に建て、六斎日《ろくさいじつ》ごとに僧徒をして精進祈願させたという。

江の島弁才天

政子伝承という点では風説以上のものではないが、江の島弁才天女像を政子とするものもあるという。ただし、この弁才天女像は、政子の息女乙姫（三幡）のものとする伝承の方が一般的なようだ。政子については、鶴岡八幡宮の弁才天女像（楽神像）がそれだとの解釈もある（堀口蘇山『江島・鶴岡弁才天女像』芸苑巡礼社一九五三年）。琵琶を奏《かな》でる姿の弁才天女像の姿は印象深いはずだ。政子を弁才天の化身とする口承は中世にはないようだ。おそらくは弁才天信仰が隆盛となる近世に登場したものだろう。

政子と江の島との結びつきを語る史料はないが、江の島それ自体は、頼朝や時政との関係が深い。江の島の観光地化が始まる江戸期以降のことだろう。

江の島が鎌倉人《かまくらびと》の意識にのぼりはじめたのは、頼朝以後のことだ。養和二年（一一八二）に頼朝が戦勝祈願のために文覚《もんがく》上人に弁才天を勧請させたことが大きかった。「高雄《たかを》ノ文学上人《もんがくしょうにん》、武衛ノ御願ヲ祈ランガタメニ、大弁才天ヲコノ島ニ勧請《かんじょう》シタテマツリ」（『吾妻鏡』養和二年四月五日）と見えている。『吾妻鏡』はつづけて「密議ナリ、コノ年、鎮守府将軍藤原秀衡ヲ調伏《ちょうぶく》センガタメナリ」と記す。

稲村ヶ崎から江の島を望む

ここに明らかなように戦勝祈願は対平氏もさることながら奥州へのものでもあった。江の島の隆起が伝えられるのは三十数年後の建保四年（一二一六）正月のことだ（『吾妻鏡』建保四年正月十五日）。

江島明神託宣アリ、大海タチマチニ道路ニ変ズ、ヨッテ参詣ノ人、舟船ノ煩《わづら》ヒナシ……マコトニ以テ未代希有《けう》ノ神変ナリ。

鎌倉末期ころの成立とされる『江島縁起』は、右の事実をふまえ、弁才天女《てんにょ》の功徳《くどく》を描いたものだ。深沢の池に三十丈の五頭龍が住み、悪行《あくぎょう》を重ねていた。民の苦しみを憐れんだ弁才天女は欽明《きんめい》天皇の時代に諸衆をともない現出し、海上に島を湧《わ》き出させた。そこで天女は悪龍と夫婦の約諾をなし、これを教化したのだという。この『江島縁起』をもとに、謡曲『江島』がつくられている。

謡曲といえば『鱗形《うろこがた》』も有名だろう。ワキには北条時政が登場する。夢幻能《むげんのう》に属するこの作品には、北条氏の家紋「三鱗《みつうろこ》」の由来が語られている。時政が旗の紋を定めようと弁才天に祈願すると、「われはこれ、この島を守護し衆生を助くる。胎蔵界の弁才天とはわが事なり」と神が現じ、「弓矢の家の守りのしるしぞ」と時政に一流の旗を与え神殿へと消えるというものだ。『鱗形』の原典は『太平記』によっている。

『太平記』巻五「時政江島ニ参籠ノ事」には、子孫の繁昌を江の島に祈った時政の夢に麗女が現われ、「汝が前生は箱根法師也」と語り、かつて法華経を書写し、諸国にそれを奉納した善根により、「されば子孫永く日本の主となって栄花に誇るべし、但しその挙動違ふ所あらば、十代を過ぐべからず……」と語り、二十丈の大蛇に変じ海中に消えた。その跡には大きな鱗が三つ落とされており、時政はそれを紋としたという。

事典風の説明は別に譲るとして、江の島明神は神仏混淆《こんこう》で金亀《きんき》山与願《よがん》寺と号し、その別当は鶴岡八幡宮が兼ねた。のちに岩本院を岩本本宮、上ノ坊を上之宮、下ノ坊を下之宮が管轄し、三宮ともに弁才天を本尊とする。

いささか話が政子の伝説から離れたようだが、弁才天との関係は伝承以上のものではない。時政の家紋説話の登場からすれば、中世後期から近世にかけての弁才天信仰の流布にともない、政子や乙姫の化身伝承へと混入したのだろう。そして、さらにいえば、江戸の古都としての鎌倉への想いが庶民の間に広がり、江の島詣が庶民に人気を博した時代の産物といえそうだ。

参考文献（年代順）

○本書全般にかかわるもの

山路愛山『源頼朝』玄黄社、一九〇九年
大森金五郎『武家時代の研究』（全三巻）冨山房、一九三七年
龍肅『鎌倉時代』春秋社、一九五七年
永原慶二『源頼朝』岩波書店、一九五八年
安田元久『源頼朝』弘文堂、一九五八年
安田元久『日本全史』（中世1）東京大学出版会、一九五八年
上横手雅敬『源平の盛衰』（日本歴史全集8）講談社、一九五九年
石井進『鎌倉幕府』（日本の歴史7）中央公論社、一九六五年
安田元久『武士世界の序幕』吉川弘文館、一九七三年
大山喬平『鎌倉幕府』（日本の歴史9）小学館、一九七四年
安田元久『鎌倉将軍執権列伝』秋田書店、一九七四年
石井進『中世武士団』（日本の歴史12）小学館、一九七四年
林屋辰三郎『中世の開幕』講談社、一九七六年
安田元久『鎌倉開府と源頼朝』教育社、一九七七年
竹内理三『古代から中世へ』吉川弘文館、一九七八年

安田元久編『源頼朝——その生涯と時代』新人物往来社、一九七九年
佐藤進一『日本の中世国家』岩波書店、一九八三年
義江彰夫『歴史の曙から伝統社会の成熟へ』山川出版社、一九八六年
奥富敬之『合戦と陰謀』新人物往来社、一九八六年
奥富敬之『源氏三代——死の謎を探る』新人物往来社、一九八六年
石井進『鎌倉武士の実像』平凡社、一九八七年
五味文彦『吾妻鏡の方法』吉川弘文館、一九九〇年
河内祥輔『頼朝の時代』平凡社、一九九〇年
入間田宣夫『武者の世に』(日本の歴史7)集英社、一九九一年
元木泰雄『武士の成立』吉川弘文館、一九九四年
野口実『武家の棟梁の条件』中央公論新社、一九九四年
福田豊彦『東国の兵乱とものふたち』吉川弘文館、一九九五年
網野善彦『日本社会の歴史』(中)岩波書店、一九九七年
山本幸司『頼朝の精神史』講談社、一九九八年
関幸彦『武士の誕生』日本放送出版協会、一九九九年
永井晋『鎌倉幕府の転換点』日本放送出版協会、二〇〇〇年
山本幸司『頼朝の天下草創』講談社、二〇〇一年
岡田清一『北条得宗家の興亡』新人物往来社、二〇〇一年
野口実『源氏はなぜ三代で滅びたか』新人物往来社、二〇〇一年
関幸彦『源頼朝　鎌倉殿誕生』ＰＨＰ研究所、二〇〇一年

上横手雅敬・元木泰雄・勝山清次『院政と平氏、鎌倉政権』中央公論新社、二〇〇二年

○伝説・伝承・地誌関係

津田左右吉『文学に現はれたる我が国民思想の研究』岩波書店、一九二一年
『鎌倉市史』（社寺編）吉川弘文館、一九五九年
石川松太郎編『日本教科書大系』講談社、一九七〇年
『新編相模国風土記稿』（大日本地誌大系・第六巻）雄山閣、一九七二年
稲葉一彦『「鎌倉の碑」めぐり』表現社、一九八二年
『日本伝奇伝説大事典』角川書店、一九八六年
堀田善衛『定家明月記私抄』新潮社、一九八六年
『鎌倉市史』（近世近代・紀行地誌編）吉川弘文館、一九八八年
関幸彦『武士団研究の歩み』Ⅰ 新人物往来社、一九八八年
安田元久監修『歴史教育と歴史学』山川出版社、一九九一年
関幸彦『ミカドの国の歴史学』新人物往来社、一九九四年
関幸彦『蘇る中世の英雄たち』中央公論新社、一九九八年
丸山眞男『丸山眞男講義録』第五冊 東京大学出版会、一九九九年
関幸彦『鎌倉とはなにか』山川出版社、二〇〇三年

○政子関係

龍肅「尼将軍政子」（『中央史壇』三―四）、一九二一年

山路愛山「平政子論」（『現代日本文学全集』51）改造社、一九三一年
小林知治「尼将軍平政子」（『伝記』二―一）、一九三五年
永原慶二「北条政子」（『日本歴史の女性』）御茶ノ水書房、一九五二年
渡辺保『北条政子』（人物叢書）吉川弘文館、一九六一年
橋本公作「北条政子」（『日本文化史論集』十周年記念第二部）同志社大学日本文化研究会、一九六二年
村上光徳「北条義時と政子」（『國文學　解釈と教材の研究』九―一四）學燈社、一九六四年
三浦勝男「頼朝と政子」（『国文学解釈と鑑賞』三一―六）至文堂、一九六六年
田口卯吉「北条政子」（明治文学全集『田口鼎軒集』）筑摩書房、一九七七年
入間田宣夫「松島の見仏上人と北条政子」（『東北大学教養部紀要』41）、一九八四年
玉山成元「北条政子の信仰心」（『日本歴史』四四二）、一九八五年
田端泰子「中世女性の栄光と実像」（『橘女子大学研究紀要』13）、一九八六年
田端泰子『日本中世の女性』（中世史研究叢書）吉川弘文館、一九八七年
田端泰子『女人政治の中世――北条政子と日野富子』（講談社現代新書）講談社、一九九六年

あとがき

本書を書くにあたって、心がけたことが二つほどあった。

一つは、多用した『吾妻鏡』に関して、あくまで〝信頼できる伝説〟との立場をとったことだ。編纂物としての『吾妻鏡』の限界性と有効性の兼ね合いを考慮しつつ叙述したつもりだ。

二つは、小説風味の叙し方に禁欲的であろうとしたことだ。歴史上の人物を考えるにあたり、虚実の皮膜の描き方が問題となる。〝大説〟たる歴史学の立場にあっては、時代のなかでしか個人を語り得ない。この点を出来る限り反芻しつつ、政子論を組み立てたことだ。

こうした方針のうえでしたためた本書に、多少なりとも新しさがあるとすれば、やはり構成の妙に意を払ったことだろう。政子の歴史的評価の移りかわりをふくめ、伝説・伝承といった付加的要素にも注意したことは、政子論に多少なりとも幅を与えたはずだ。

そして史実のうえでの彼女についても、流して書くべきところと流してはいけないところを明確にしたつもりだ。その点では年譜風の政子論とは趣を異にしている。こうした叙述の仕方が成功しているかどうか、読者の判断を待つしかないのだが。

本書は歴史を宿命的な必然と考える立場からは距離をおいたつもりである。むしろ蓋然《がいぜん》性への傾きに共感する。幾多の可能性のなかからの蓋然性に意を払った。その点では近代の史家山路愛山が名著『源頼朝』のなかで「史伝は正確なる事実に非ずして蓋然性の事実なり」と指摘しているのは、政子についての叙し方を考えるうえでも参考となろう。

歴史学の範を越えずというあたりまえのことに尽きるのだが、これが実はいうほど易しくない。先学のさまざまな業績を参考にしながら、自分なりの政子論をどう描くことができるのか、いささかの不安も残る。政子論に関しては先行研究の消化だけではつまらない。踏み固められたルートをトレースするだけでは、新味に欠ける。だからといって、歴史学の範を逸した形での斬新さには慎重でなければなるまい。このあたりのバランスが人物論には要求されるようだ。

いささか閉塞状況に陥っている歴史学について、どのような叙述方法があり得るのか。そんな苦心の足跡を本書のなかに多少なりとも、見つけ興味をいだいていただければ幸いである。

なお巻末の参考資料については鶴見大学大学院生（石塚賢二・山田政孝・野田友宏）諸氏の力添えをいただいたことを付記しておきたい。最後になったが本書刊行にさいし、写真の手配や校正その他でご尽力をいただいたミネルヴァ書房編集部の涌井格氏にもあらためてお礼を申し上げたい。

二〇〇四年三月

関　幸彦

北条政子略年譜

（※は『吾妻鏡』を巻末に付載）

和暦	西暦	齢	政子関係の諸事件	一般事項
保元二	一一五七	1	政子誕生。	
平治元	一一五九	3		**12**月平治の乱。
永暦元	一一六〇	4		**3**月頼朝（14歳）伊豆に配流。
仁安二	一一六七	11		**2**月清盛太政大臣。
治承元	一一七七	21	頼朝と結婚。	**6**月鹿ケ谷事件。
二	一一七八	22	長女大姫誕生か？	
四	一一八〇	24	**9**月伊豆山で頼朝の消息を聞く※。**10**月鎌倉に入る※。	**4**月以仁王・頼政挙兵。**8**月山木兼隆攻め。**8**月石橋山合戦。**9**月義仲挙兵。**10**月頼朝鎌倉入り。**10**月富士川合戦。
養和元	一一八一	25	**12**月政子病気。	閏**2**月清盛死す（64歳）。
寿永元	一一八二	26	**8**月頼家誕生※。**11**月頼朝の寵女亀ノ前事件※。**12**月伏見広綱を遠江に流す※。	
二	一一八三	27	**10**月頼朝、復官。	**7**月平氏都落、義仲入京。

元暦 元	一一八四	28	**4**月志水義高誅殺、大姫哀傷※。	**正**月義仲滅ぶ（31歳）。**2**月一ノ谷合戦。
文治 元	一一八五	29	**5**月義仲の妹に一庄を与える。**10**月勝長寿院供養。この年次女乙姫誕生か？	**3**月壇ノ浦合戦。**11**月守護・地頭の設置。
二	一一八六	30	**2**月頼朝の妾男子（貞暁）誕生※。**4**月静の舞を見る※。**9**月静母子帰洛。	**3**月九条兼実摂政。
三	一一八七	31	**正**月頼朝・政子・頼家鶴岡参拝。**12**月妹（足利義兼の妻）の病気を見舞う。	
四	一一八八	32	**7**月頼家の著甲初めの儀。	
五	一一八九	33	**8**月奥州戦勝のため鶴岡に参詣。**10**月頼朝奥州合戦から帰参。	**5**月頼朝正二位。**7**月奥州合戦。
建久 元	一一九〇	34	**5**月南御堂で能保夫人の追善供養。**10**月頼朝京都に出発。**12・29**頼朝帰鎌。	**4**月頼朝の妹死去。**11**月頼朝権大納言兼右近衛大将。
二	一一九一	35		**3**月鎌倉大火。
三	一一九二	36	**4**月政子着帯。**7**月頼朝征夷大将軍。**8**月実朝誕生。**12**月頼家疱瘡。	**3**月後白河法皇死去（66歳）。
四	一一九三	37	**5**月頼家狩で鹿を射る。**5**月曾我兄弟仇討事件。	**8**月源範頼失脚。
五	一一九四	38	**8**月大姫と一条高能との縁談。**閏8**月頼朝・政子、一家で三崎に。	
六	一一九五	39	**2**月頼朝、東大寺再建供養のため上洛。**3**月政子・	

				大姫、丹後局と面談※。**4月**〜**6月**清水寺以下の霊地参拝。**7月**鎌倉に帰る。	
	八	一一九七	41	**7月**長女大姫（20歳）死去。	**10月**一条能保死去（51歳）。
	九	一一九八	42		**12月**頼朝相模川橋供養に臨む。
正治	元	一一九九	43	**正月**頼朝死去（53歳）。**正月**頼家征夷大将軍。**3月**次女乙姫危篤。**4月**頼家の訴訟親裁禁止。**6月**次女乙姫死去。**8月**景盛との女性問題で頼家を訓戒※。	
	二	一二〇〇	44	**正・13**頼朝一周忌、導師栄西。**3月**岡崎義実の哀訴。	**正月**梶原景時失脚。
建仁	元	一二〇一	45		
	二	一二〇二	46	**正月**頼家の蹴鞠を諌める。**2月**義朝の旧宅を寿福寺に寄進※。**3月**頼家を訪ね舞女微妙の芸を見る。**6月**蹴鞠の会を観る。	
	三	一二〇三	47	**5月**阿野全成の謀叛でその妻を擁護。**8月**頼家危篤により地頭職を、一幡と実朝に分割※。**9月**比企氏事件※。**9月**頼家出家。実朝征夷大将軍となる※。**9月**阿波局の報で実朝を義時邸に※。**9月**頼家伊豆修禅寺に下向。**11月**頼家伊豆より書状。**11月**三浦義村から頼家幽居の様子を聞く。	**6月**頼家伊豆に狩し、帰って病む。**10月**北条時政執権。
元久	元	一二〇四	48	**5月**寿福寺の仏事。**7月**実朝病悩。**7月**頼家修禅寺で殺害さる（23歳）。**11月**実朝病む。**12月**坊門信清	**7月**実朝政所初め。

			の娘、下向。	
二	一二〇五	49	**閏7月**牧ノ方陰謀事件、時政出家※。**12月**頼家の遺児善哉（公暁）を鶴岡八幡宮に。	**6月**畠山氏滅ぶ。
建永 元	一二〇六	50	**6月**公暁、袴着。**10月**公暁、実朝の猶子となる。	
承元 元	一二〇七	51	**4月**実朝病気。	**4月**前関白九条兼実死す（60歳）。
二	一二〇八	52	**2月**実朝疱瘡。**3月**鶴岡に実朝夫人と参ず。**7月**実朝夫妻とともに永福寺に参ず。**10月**熊野参詣。**12月**熊野から帰る。	
三	一二〇九	53	**5月**和田義盛、上総国司を望む。	**4月**実朝従三位。**8月**定家詠歌口伝書を実朝におくる。
四	一二一〇	54	**6月**日向薬師堂に参詣。**8月**実朝夫妻とともに流鏑馬・相撲を観る。	
建暦 元	一二一一	55	**6月**実朝急病。**7月**実朝夫人と日向薬師に参詣。	
二	一二一二	56	**2月**実朝とともに伊豆山・箱根山両権現に参拝。**3月**実朝夫妻と三崎に。**8月**実朝夫妻と鶴岡で舞楽を観る。	
建保 元	一二一三	57	**4月**政子、夢見により平泉寺の塔を修復。**5月**和田合戦※。**8・20**実朝邸新築。	**2月**実朝正二位、義時正五位下。**9月**長沼宗政の実朝への非難。**11月**定家、万葉集を実朝に贈与。

二	一二一四	58	**7月**大慈寺供養。	**2・4**実朝病気。**9月**実朝、伊豆山・箱根参詣。
三	一二一五	59		**正・6**北条時政伊豆で死去（78歳）。**6月**栄西入滅（75歳）。
四	一二一六	60	**3月**頼家の娘（14歳）を実朝夫人の猶子とする。	**2月**実朝、伊豆山・箱根参詣。**6月**実朝、陳和卿と対面。**9月**大江広元実朝に諫言。**11月**実朝、大船建造。
五	一二一七	61	**6月**公暁を鶴岡別当に。	**正月**実朝、伊豆山・箱根に参詣。
六	一二一八	62	**2月**熊野参詣、時房従う。**2月**京都着。**4月**政子従三位。**4月**鎌倉に帰る。**10月**政子従二位※。	**正月**実朝権大納言。**2月**実朝、伊豆山・箱根に参詣。**3月**実朝、左近衛大将。**10月**実朝内大臣。**12・2**実朝右大臣。
承久元	一二一九	63	**正・27**実朝暗殺。**2月**京都に皇族将軍のことの申し入れ※。**2月**阿野時元事件※。**3月**上皇の使者摂津国の地頭改補の申請。**3月**上皇への返使を上洛せしむ※。**7月**頼経下向※。政子、「尼将軍」。**12月**政子病気。**12月**政子の居所失火。**12月**実朝追善のための五仏堂供養。	**7月**大内守護源頼茂自殺。
二	一二二〇	64	**5月**実朝追善の千日講結願。**12月**頼経袴着。	

三	一二二一	65	正月法華堂にて実朝の三年忌。**3**月政子、夢見により大神宮に遣使。**5**月家人を集め演説※。広元・善信の意見により即日泰時を進発さす。**8**月京方の没収地を勲功の賞とす。	**4**月仲恭天皇即位。**5**月承久の乱。**6**月三上皇配流。**8**月三善康信死去（82歳）。
貞応　元	一二二二	66	**10**月大慈寺に義時と参詣。政子の本尊釈迦像供養。	**8**月内大臣西園寺公経太政大臣。
二	一二二三	67	**1**月新補の守護・地頭の非法を注申。**2**月勝長寿院の奥に政子邸。**6**月伊賀光季の子息と面会。	
元仁　元	一二二四	68	**6**月泰時・時房、将軍後見※。**7**月三浦義村に陰謀事件※。**8**月泰時・時房の出仕を催促。**8**月義時の後室伊賀の方を伊豆に配す※。	**6・13**義時死去（62歳）。閏**7**月伊賀氏陰謀事件。
嘉禄　元	一二二五	69	**5**月病む。**6**月病気小康。**6**月病勢すすむ。**7**月政子死去（69歳）。勝長寿院にて火葬※。	**6**月大江広元死去（78歳）。**9**月慈円死去（71歳）。**12**月幕府宇都宮辻に移る。**12**月頼経元服（8歳）。

参考資料『吾妻鏡』（『新訂増補　国史大系』吉川弘文館、に拠る。なお政子を示す部分には傍線を付した。）

1　治承四年（一一八〇）九月

○二日辛亥。御臺所自㆓伊豆山㆒遷㆓秋戸郷㆒給。不㆑奉㆑知㆓武衛安否㆒。獨漂㆓悲涙㆒給之處。今日申尅。土肥弥太郎遠平爲㆓御使㆒自㆓眞名鶴崎㆒參著。雖㆑申㆓日來子細㆒。不㆑被㆑知㆓御乘船後事㆒。悲喜計會云々。

2　治承四年（一一八〇）十月

○十一日庚寅。卯尅。御臺所入㆓御鎌倉㆒。景義奉㆑迎㆑之。去夜自㆓伊豆國阿岐戸郷㆒。雖㆘令㆓到著㆒給㆖。依㆓日次不㆒㆑宜。止㆓宿稻瀬河邊民居㆒給云々。

3　寿永元年（一一八二）八月

○十二日庚戌。霽。酉尅。御臺所男子〔頼家〕御平産也。御驗者專光房阿闍梨良暹。大法師觀修。鳴弦役師岳兵衛尉重經。大庭平太景義。多々良權守貞義也。上総權介廣常刅目役。戌尅。河越太郎重頼妻比企尼女依㆑召參入。候㆓御乳付㆒。

4　寿永元年（一一八二）十一月

○十日丁丑。此間。御寵女亀前。住二于伏見冠者廣綱飯嶋家一也。而此事露顯。御臺所殊令レ憤給。是北條殿室家牧御方密々令レ申之給故也。仍今日。仰二牧三郎宗親一。破二却廣綱之宅一。頗及二恥辱一。廣綱奉レ相二伴彼人一。希有而遁出。到二于大多和五郎義久鐙摺宅一云々。○十二日己卯。武衛寄二事於御遊興一。渡二御義久鐙摺家一。召二出牧三郎宗親一被レ具二御共一。於二彼所一召二廣綱一。被レ尋二仰一昨日勝事一。廣綱具令レ言二上其次第一。仍被レ召二決宗親一之處。陳謝巻レ舌。垂二面於泥沙一。武衛御欝念之餘。手自令レ切二宗親之髻一給。此間被二仰含一云。於下奉レ重二御臺所一事上者。尤神妙。但雖レ順二彼御命一。如此事者。内々盍二告申一哉。忽以与二恥辱一之條。所存企甚以奇恠云々。宗親泣逃亡。武衛今夜止宿給。○十四日辛巳。晩景。武衛令レ還二鎌倉一給。而今晩。北條殿〔時政〕俄進二發豆州一給。是依レ被レ欝二陶宗親御勘發事一也。武衛令レ聞二此事一給。太有二御氣色一。召二梶原源太一。江間〔義時〕者有二穏便存念一。父縱揮二不義之恨一。不レ申二身暇一雖二下國一。江間者不二相從一歟。在二鎌倉一哉否。慥可二相尋一之云々。片時之間。景季歸參。申下江間不二下國一之由上。仍重遣二景季一召二江間。江間殿參給。以二判官代邦通一被レ仰云。宗親依レ現二奇恠一。加二勘發一之處。北條住二欝念一下國之條。殆所レ違二御本意一也。汝察二吾命一。不レ相二從于彼下向一。殊感思食者也。定可レ爲二子孫之護一歟。今賞追可レ被レ仰者。江間殿不レ被レ申二是非一。啓二畏奉之由一。退出給云々。

5　寿永元年（一一八二）十二月

○十月丙午。御寵女〔亀前〕遷二住于小中太光家小坪之宅一。頻雖レ被レ恐二申御臺所御氣色一。御寵愛追レ日興盛之間。愁以順レ仰云々。○十六日壬子。伏見冠者廣綱配二遠江國一。是依二御臺所御憤一也。

6　元暦元年（一一八四）四月

○廿六日甲午。堀藤次親家郎従藤内光澄皈參。於二入間河原一。誅二志水冠者一之由申レ之。此叓雖レ爲二密儀一。姫公已令二漏聞一之給。愁歎之餘令レ断二漿水一給。可レ謂二理運一。御臺所又依レ察二彼御心中一。御哀傷殊太。然間殿中男女多以含二歎色一云々。

7　文治二年（一一八六）二月

○廿六日甲戌。二品若公誕生。御母常陸介藤時長女也。御産所者。長門江七景遠濱宅也。件女房祗二候殿中一之間。日來有二御密通一。依二縡露顯一。御臺所御猒思甚。仍御産間儀毎事省略云々。

8　文治二年（一一八六）四月

○八日乙卯。二品并御臺所御二參鶴岳宮一。以レ次被レ召二出靜女於廻廊一。是依レ可レ令レ施二舞曲一也。此事去比被レ仰之處。申二病痾之由一不參。於二身不屑一者「者」。雖レ不レ能二左右一。爲二豫州妾一。忽出二掲焉砌一之條。頗耻辱之由。日來内々雖二澁申一之。彼既天下名仁也。適參向。歸洛在レ近。不レ見二其藝一者無念由。御臺所頻以令二勸申一給之間被レ召レ之。偏可レ備二大菩薩冥感一之旨。被レ仰云々。近日只有二別緒之愁一。更無二舞曲之業一由。臨レ座猶固辞。然而貴命及二再三一之間。愁廻二白雪之袖一。發二黄竹之歌一。左衛門尉

祐經鼓。是生二數代勇士之家一。雖レ繼二楯戟之塵一。歷二一﨟上日之職一。自携二歌吹曲之故也。從二此役一歟。畠山二郎重忠爲二銅拍子一。靜先吟二出歌一云。よし野山みねのしら雪ふみ分ていりにし人のあとそこひしき。次歌二別物曲一之後。又吟二和歌一云。しつやしつ〱のをたまきくり返し昔を今になすよしもかな。誠是社壇之壯觀。梁塵殆可レ動。上下皆催二興感一。二品仰云。於二八幡宮寶前一。施レ藝之時。尤可レ祝二關東万歳一之處。不レ憚レ所二聞食一。慕二反逆義經一。歌二別曲歌一。奇恠云々。御臺所被二報申一云。君爲二流人一坐二豆州一給之比。於レ吾雖レ有二芳契一。北條殿怖二時宜一。潛被二引籠一之。而猶和二順君一。迷二暗夜一。凌二深雨一。到二君之所一。亦出二石橋戰場一給之時。獨殘二留伊豆山一。不レ知二君存亡一。日夜消レ魂。論二其愁一者。如二今靜之心一。忘二豫州多年之好一。不二戀慕一者非二貞女之姿一。寄二形レ外之風情一。謝二動レ中之露膽一。尤可レ謂二幽玄一。抂可二賞翫一給云々。于レ時休二御憤一云々。小時押二出卯花重一。於二簾外一。被二纏頭一之云々。

9　建久六年（一一九五）三月

○廿九日癸丑。將軍家招二請尼丹後二品（宣陽門院御母儀。舊院執權女房也。）於二六波羅御亭一給。御臺所姬君等對面給。有二御贈物一（以レ銀作蒔筥。納二砂金三百兩一。以二白綾三十端一餝二地盤一云々。）又扈從諸大夫侍等。同及二御引出物一云々。

10　正治元年（一一九九）八月

○十九日己卯。晴。有二讒侫之族一。依二妾女叓一。景盛貽二怨恨一之由訴二申之一。仍召二聚小笠原旀太郎。和田三郎。比企三郎。中野五郎。細野四郎已下軍士等於石御壷一。可レ誅二景盛一之由有二沙汰一。及レ晚小笠原揚レ旗。赴二藤九郎入道蓮西之甘縄宅一。至二此時一。鎌倉中壮士等争レ鋒競集。依レ之尼御臺所俄以渡二御于盛長宅一。以二行光一爲二御使一。被レ申二羽林一云。幕下薨御之後。不レ歴二幾程一。姫君又早世。悲歎非レ一之處。今被レ好二鬪戰一。是乱世之源也。就レ中景盛有二其寄一。先人殊令二憐愍一給。令レ聞二罪科一給者。我早可二尋成敗一。不二叓問一。被レ加二誅戮一者。定令レ招二後悔一給歟。若猶可レ被二追罰一者。我先可レ中二其箭一云々。然間。乍レ澁被レ止二軍兵發向一畢。凡鎌倉中騒動也。万人莫レ不二恐怖一。廣元朝臣云。如レ此叓非レ無二先規一。鳥羽院御寵愛祇薗女御者。源仲宗妻也。而召二仙洞一之後。被レ配二流仲宗於隠岐國一云々。○廿日庚辰。陰。尼御臺所御二逗留一于盛長入道宅一。召二景盛一。被レ仰云。昨日加二計議一。一旦雖レ止二羽林之張行一。我已老耄也。難レ抑二後昆之宿意一。汝不レ存二野心一之由。可レ献二起請文於羽林一。然者即任二御旨一捧レ之。尼御臺所還御。令レ献二彼状於羽林一給。以二此次一被レ申云。昨日擬レ被レ誅二景盛一。楚忽之至。不義甚也。凡奉レ見二當時之形勢一。敢難レ用二海内之守一。倦二政道一而不レ知二民愁一。娯二倡樓一而不レ顧二人謗一之故也。又所二召仕一。更非二賢哲之輩一。多爲二邪佞之属一。何況源氏等者幕下一族。北條者我親戚也。仍先人頻被レ施二芳情一。常令レ招二座右一給。而今於二彼輩等一無二優賞一。剰皆令レ喚二實名一給之間。各以貽レ恨之由有二其聞一。所詮於レ叓令二用意一給者。雖二末代一。不レ可レ有二濫吹儀一之旨。被レ盡二諷諫之御詞一云々。佐々木三郎兵衛入道爲二御使一。

11　建仁二年（一二〇二）二月

○廿九日甲辰。壊二渡故大僕卿義朝。沼濱御舊宅於鎌倉一。被レ寄二附于榮西律師龜谷寺一。行光奉二行之一。此事。當寺建立寂初。雖レ有二其沙汰一。僅爲二彼御記念一。幕下將軍殊被レ修二復其破壞一。暫不レ可レ有二顚倒儀一之由。被レ定之處。僕卿入二于尼御臺所御夢中一。被レ示云。吾常在二沼濱亭一。而海邊極レ漁。壞レ之令レ建二立于寺中一。欲レ得二六樂一云々。御夢覺之後。令下二善信一記上レ之給。被レ遣二榮西一云々。大官令云。六樂者六根樂歟云々。

12 建仁三年（一二〇三）八月

○廿七日壬戌。將軍家御不例。縡危急之間。有二御讓補沙汰一。以二關西三十八ヶ國地頭職一。被レ奉レ讓二舍弟千幡君。十(マゝ)歳。一以二關東二十八ヶ國地頭并惣守護職一。被レ充二御長子一幡君。六歳。一爰家督御外祖比企判官能員潜憤二怨讓二補于舍弟一事上。募二外戚之權威一。挿二獨步志一之間。企二叛逆一。擬レ奉レ謀二千幡君并彼外家已下一云々。

13 建仁三年（一二〇三）九月

○二日丁卯。今朝。廷尉能員以二息女将軍家妾。若公母儀也。元号二若狹局一。一訴申。北條殿。偏可二追討一由也。凡家督外於レ被レ相二分地頭職一者。威權分二于二一。挑爭之條不レ可レ疑之。爲レ子爲レ弟。雖レ似二靜謐御計一。還所レ招二乱國基一也。遠州一族被レ存者。被レ奪二家督世一之事。又以無二異儀一云々。將軍驚而招二能員於病床一。令二談合一給。追討之儀。且及二許諾一。而尼御臺所隔二障子一。潜令レ伺二聞此密事一給。爲レ被二告申一。以二女房一被レ奉レ尋二遠州一。爲レ修二佛事一。已歸二名越一給之由。令レ申之間。雖レ非二委細之趣一。聊載二此子細於御書一。

付二美女一被レ進之。彼女奉レ奔二付于路次一。捧二御書一。……（下略）

14 建仁三年（一二〇三）九月

○七日壬申。霽。亥剋。將軍家令二落餝一給。御病惱之上。治二家門一給事。始終尤危之故。尼御臺所依レ被二計仰一。不意如レ此。○十日乙亥。吹二擧千幡君一。被レ奉レ立二將軍一之間。有二沙汰一。若君今日自二尼御臺所一。渡二御遠州御亭一。被レ用二御輿一。女房阿波局參二同輿一。江馬太郎殿。三浦兵衛尉義村等候二御輿寄一。今日。諸御家人等所領如レ元可二領掌一之由。多以被レ下二遠州御書一。是危二世上一故也。

15 建仁三年（一二〇三）九月

○十五日庚辰。阿波局參二尼御臺所一。申云。若君御二坐遠州御亭一。雖レ可レ然。倩見二牧御方之躰一。於レ事咲之中挿二害心一之間。難レ恃二傅母一。定勝事出來歟云々。此事兼思慮之內事也。早可レ奉二迎取一之由。御返荅。卽遣二江馬四郎殿。三浦兵衛尉義村。結城七郎朝光等一。被レ奉レ迎二取之一。遠州不レ知二子細一。周章給。以二女房駿河局一被二謝申一之處。成人之程。於二同所一可二扶持一之由。被レ仰二御返事一云々。

16 元久二年（一二〇五）閏七月

○十九日甲辰。晴。牧御方廻二姧謀一。以二朝雅一爲二關東將軍一。可レ奉レ當二將軍家一干レ時遠州御二坐亭一。之由有二其聞一。仍尼御臺所遣二長沼五郎宗政。結城七郎朝光。三浦兵衛尉義村。同九郎胤義。天野六郎政景等一。被レ奉レ迎二羽林一。卽入二御相州亭一之間。遠州所レ被二召聚一之勇士。悉以參二入彼所一。奉レ守二讓將軍家一。同日丑尅。遠州俄以令二落餝一給。年六十八。同時出家之輩不レ可二勝計一。

17 健保元年（一二一三）五月

小〇二日壬寅。陰。筑後左衛門尉朝重。在二義盛之近隣一。而義盛舘軍兵競集。見二其粧一。聞二其音一。備二戎服一。發二使者一。告二叓之由於前大膳大夫一。于レ時件朝臣。賓客在レ座。杯酒方酣。亭主聞レ之。獨起レ座奔二參御所一。次三浦平六左衛門尉義村。同弟九郎右衛門尉胤義等。始者与二義盛一成二一諾一。可レ警二固北門一之由。乍レ書二同心起請文一。後者令レ改二變之一。兄弟各相議云。曩祖三浦平太郎爲継。奉レ属二八幡殿一。征二奥州武衡家衡一以降。飽所レ啄二其恩祿一也。今就二内親之勸一。忽奉レ射二累代主君一者。定不レ可レ遁二天譴一者歟。早飜二先非一。可レ告二申彼内儀之趣一。及二後悔一。則參二入相州御亭一。申二義盛已出軍之由一。于レ時相州有二圍碁會一。雖レ聞二此叓一。敢以無二驚動之氣一。心靜加二目算一之後。起座改二折烏帽子於立烏帽子一。裝二束水干一。參二幕府一給。而義盛与二時兼一。雖レ有二謀合之疑一。非二今朝之叓一歟由。猶豫之間。於二御所一。敢無二警衛之備一。然而依二兩客之告一。尼御臺所并御臺所等去二營中一出二北御門一。渡二御鶴岳別當坊一云々。申刻。和田左衛門尉義盛率二伴黨一。忽襲二將軍幕下一。

18 健保六年（一二一八）十月

〇廿六日乙丑。晴。京都使者參。去十三日。禪定三品令レ敍二從二位一給云々。

19　健保七年（一二一七）正月

○廿七日甲午。霽。入レ夜雪降。積二尺餘。今日將軍家右大臣爲二拜賀一。御二參鶴岳八幡宮一

（中略）

令レ入二宮寺樓門一御之時。右京兆俄有二心神御違例叓一。讓二御劔於仲章朝臣一。退去給。於二神宮寺一。御解脱之後。令レ歸二小町御亭一給。及二夜陰一。神拜叓終。漸令二退出一御之處。當宮別當阿闍梨公曉窺二來于石階之際一。取レ劔奉レ侵二丞相一。其後隨兵等雖レ馳二駕于宮中一。（武田五郎信光進二先登一。）無レ所レ覓二讎敵一。或人云。於二上宮之砌一。別當阿闍梨公曉討二父敵一之由。被二名謁一云々。就レ之。各襲二到于件雪下本坊一。彼門弟悪僧等。籠二于其内一。相戰之處。長尾新六定景与二子息太郎景茂。同次郎胤景等一諍二先登一云々。勇士之赴二戰場一之法。人以爲二美談一。遂悪僧敗北。闍梨不下坐二此所一給上。軍兵空退散。諸人惘然之外無レ他。爰阿闍梨持二彼御首一。被レ向二于後見備中阿闍梨之雪下北谷宅一。羞レ膳間。猶不レ放二手於御首一云々。被レ遣二使者弥源太兵衛尉（闍梨乳母子。）於義村一。今有二將軍之闕一。吾專當二東關之長一也。早可レ廻二計議一之由被二示合一。是義村息男駒若丸依レ列二門弟一。被レ恃二其好一之故歟。義村聞二此叓一。不レ忘二先君恩化一之間。落涙數行。更不レ及二言語一。少選。先可レ有レ光二臨于蓬屋一。且可レ獻二御迎兵士一之由申レ之。使者退去之後。義村發二使者一。件趣告二於右京兆一。々々無二左右一。可レ奉レ誅二阿闍梨一之由。下知給之間。招二聚一族等一凝二評定一。阿闍梨者。太足二武勇一。非二直也人一。輙不レ可レ謀レ之。頗爲二難儀一之由。各相議之處。義村令レ撰二勇敢之器一。差二長尾新六定景於討手一。定景遂（雪下合戰後。向二義村宅一。）不レ能二辭退一。起レ座着二黒皮威甲一。相二具雑賀次郎（西國住人。强力者也。）以下郎從五人一。赴二于阿闍梨在所備中阿闍梨宅一之刻。阿闍梨者。義村使遲引之間。登二鶴岳後面之峯一。

擬至二于義村宅一。仍與二定景一相二逢途中一。雜賀次郎忽懐二阿闍梨一。互諍二雌雄一之處。定景取二太刀一。梟二闍梨着二素絹衣腹卷一。年廿云々。首一。是金吾將軍頼家。御息。母賀茂六郎重長女爲朝孫女也。公胤僧正入室。貞曉僧都受法弟子也。

20 承久元年（一二一九）二月

○十三日庚戌。信濃前司行光上洛。是六條宮。冷泉宮兩所之間。爲二關關將軍一可下令二下向一御上之由。禪定二位家令レ申給之使節也。宿老御家人又捧二連署奏狀一。望二此叓一云云。

21 承久元年（一二一九）二月

○十九日丙辰。依二禪定二品之仰一。右京兆被レ差二遣金窪兵衛尉行親以下御家人等於駿河國一。是爲誅二戮阿野冠者一也。

22 承久元年（一二一九）三月

○十五日庚戌。相州爲二二位家御使一上洛。扈從侍千騎云云。是今度以二忠綱朝臣一被二仰下一條々叓勅荅并將軍御下向事等也。

23　承久元年（一二一九）七月

○十九日壬子。霽。左大臣道家公。賢息二歳。母公經卿女。建保六年正月十六日寅刻誕生。下二向關東一。是故前右大將後室禪尼重二將軍舊好一之故。爲レ繼二其後嗣一依二申請一之。去月三日可レ有二下向一之由　宣下。同九日參三人。春日社一。乘車。殿上人一人。諸大夫侍十人在レ共云云。同十四日。於二左府一有二魚味之儀一。同十七日院參。賜二御馬御劔等一云云。同廿五日自二一條「之」亭一渡二六波羅一。則進發云云。今日午尅。入二鎌倉一。着二于右京權大夫義時朝臣大倉亭一。墎内南方。此間搆二新造屋一。其行列。先女房。各乘輿。下臈爲レ先。雜仕一人。乳母二人。卿局。右衛門督局。一條局。比外相州室。酉刻。有二政所始一。若君幼稚之間。二品禪尼可レ聽二断理非於簾中一云々。

24　承久三年（一二二一）五月

○十九日壬寅。午刻。大夫尉光季去十五日飛脚下二著關東一。申云。此間。院中被レ召二聚官軍一。仍前民部少輔親廣入道昨日應二勅喚一。光季依レ聞二右幕下公經。告一。申レ障之間。有下可レ蒙二勅勘一之形勢上云々。未刻。右大將家司主税頭長衡去十五日京都飛脚下著。申云。昨日。十四日。幕下。并黄門實氏。仰二二位法印尊長一。被レ召二籠弓場殿一。十五日午刻。遣二官軍一被誅伊賀廷尉一。則勅二按察使光親卿一。被レ下二右京兆追討宣旨於五畿七道一之由云々。關東分宣旨御使。今日同到著云々。仍相尋之處。自二葛西谷山里殿邊一召二出之一。稱二押松丸一。秀康所従云々。取二所持宣旨并大監物光行副狀。同東士交名註進狀等一。於二二品亭一号二御堂御所一。披閱。亦同時廷尉胤義。義村弟。私書狀到二著于駿河前司義村之許一。是應二勅定一可レ誅二右京兆一。於勳功賞一者可レ依レ請之由。被二仰下一之趣載レ之。義村不レ能二返報一。追二返彼使者一。持二件書狀一。行二向右京兆之許二云。義村不レ同二心弟之叛逆一。於二御方一可レ抽二無二忠一之由云々。其後招二陰陽道親職。泰貞。宣賢。晴吉等一。以二午刻一初飛脚到來時也。有二卜筮一關東可レ屬二太平一之由。一同占レ之。相州武州。前大官令禪門。前武州以下群集。二品招二家人等於簾下一。以二秋田城介景盛一。示含曰。皆一レ心而可レ奉。是㝡期詞也。故右大將軍征二罰朝敵一。草二創關東一以降。云二官位一。云二俸祿一。其恩既高二於山岳一。深二於溟渤一。報謝之志淺乎。而今依二逆臣之讒一。被レ下二非義綸旨一。惜レ名之族。早討二取秀康。胤義等一。可レ全二三代將軍遺跡一。但欲レ參二院中一者。只今可二申切一者。群參之士悉應レ命。且溺レ涙申二返報一不レ委。只輕レ命思レ酬レ恩。寔是忠臣見二國危一。此謂歟。武家背二天氣一之起。依二舞女龜菊申狀一。可レ停二止攝津國長江。倉橋兩庄地頭職一之由。二箇度被レ下二宣旨一之處。右京兆不二諾申一。是幕下將軍時募二勳功賞一定補之輩。無二指雜怠一而難レ改由申レ之。仍逆鱗甚故也云々。晩鐘之程。於二右京兆舘一。相州。武州前大膳大夫入道。駿河前司。城介入道等凝二評議一。意見區分。所詮固二關足柄。筥根兩方道路一可二相待一之由云々。大官令覺阿云。群議之趣。一旦可レ然。但東士不二一揆一者。守レ關渉レ日之條。還可レ爲二敗北之因一歟。任二運於天道一。早可レ被レ發二遣軍兵於京都一者。右京兆以二兩議一。申二二品之處。二品云。不二上洛一者。更難レ敗二官軍一歟。相二待安保刑部丞實光以下武藏國勢一。速可二參洛一者。就レ之。爲レ令二上洛一。今日遠江。駿河。伊豆。甲斐。相模。武藏。安房。上総。下総。常陸。信濃。上野。下野。陸奥。出羽等國々。飛二

「脚」京兆奉書一。可レ相二具一族等一之由。所レ仰二家々長一也。其狀書樣。

自二京都一可レ襲二坂東一之由。有二其聞一之間。相模權守。武藏守相二具御勢一。所二打立一也。以二式部丞一差二向北國一。此趣早相二觸一家人々一。可レ向者也

25　元仁元年（一二二四）六月

○廿八日甲午。武州始被レ參二二位殿御方一。觸穢無二御憚一云々。相州。武州爲二軍營御後見一。可レ執二行武家事一之旨。有二彼仰一云々。而先々爲二楚忽一歟之由。被レ仰二合前大膳大夫入道覺阿一。々々申云。延及二今日一。猶可レ謂二遲引一。世之安危。人之可レ疑時也。可レ治二定事一者。早可レ有二其沙汰一云々。前奥州禪室卒去之後。世上巷說縱橫也。武州者爲レ討二亡弟等一。出二京都一令二下向一之由。依レ有二兼日風聞一。四郎政村之邊物忩。伊賀式部兼光宗兄弟。以レ謂二政村主外家一。内々憤二執權事一。奥州後室伊賀守朝光女。亦擧二聟宰相中將實雅卿一。立二關東將軍一。以二子息政村一。用二御後見一。可レ任二武家成敗於光宗兄弟一之由。潜思企。已成二和談一。有二一同之輩等一。于レ時人々所レ志相分云々。武州御方人々粗伺二聞之一。雖二告申一。武州稱下爲二不實一歟之由上。敢不二驚騷給一。剩要人之外不レ可二參入一之旨。被レ加二制止一之間。平三郎左衞門尉。尾藤左近將監。關左近大夫將監。安東左衞門尉。万年右馬允。南條七郎等計經廻。太寂莫云々。

26　元仁元年（一二二四）七月

○十七日壬子。晴。近國輩競集。於二門々戸々一卜居。今夕大物忩。子剋。二位家以二女房駿河局計一爲二御共一。潜渡二御于駿河前司義村宅一。義村殊敬崛。二品仰云。就二奥州卒去一。武州下向之後。人成レ群。世不レ靜。陸奥四郎政村。并式部兼光宗等。頻出二入義村之許一。有二密談事一之由風聞。是何事哉。不レ得二其意一。若相二度武州一。欲二獨步一歟。去兼久逆乱之時。關東治運。雖レ爲二天命一。半在二武州之功一哉。凡奥州鎭二數度烟塵一「戰」。干戈令二靜謐一訖。繼二其跡一。可レ爲二關東棟梁一者。武州也。無二武州一者。諸人争久レ運哉。政村与二義村一。如二親子一。何無二談合之疑一乎。兩人無事之樣。湏レ加二諷諫一者。義村申二不レ知之由一。二品猶不レ用。令レ扶二持政村一。可レ有二濫世企一否。可レ廻二和平計一否。早可二申切一之旨。重被レ仰。義村云。陸奥四郎全無二逆心一歟。光宗等者有二用意事一云々。尤可レ加二制禁一之由。及二誓言一之間。令レ還給云々。

27　元仁元年（一二二四）八月

○廿九日癸亥。陰。前奥州後室禪尼。依二二位家仰一。下二向伊豆國北條郡一。可レ籠二居彼所一云々。有二其科一之故也。伊賀式部丞光宗配二流信濃國一。舍弟四郎左衛門尉朝行。同六郎右衛門尉光重等。爲二相摸掃部助。武藏太郎預一。自二京都直可レ配二流鎭西一之旨。被二仰遣一。此兩人。扈二從相公羽林上洛一之後。未二歸參一云々。

28　嘉祿元年（一二二五）七月

○十一日庚午。晴。丑刻。二位家薨。御年六十九。是前大將軍後室。二代將軍母儀也。同二于前漢之呂后一令レ執二行天下一給。若又神功皇后令二再生一。令レ擁二護我國皇基一給歟云々。

（中略）

○十二日辛未。霽。寅刻。二品家御事有二披露一。出家男女濟々焉。民部大夫行盛寂前遂二素懷一畢。戌刻。於二御堂御所之地一而奉二火葬一。御葬事者。前陰陽助職朝臣令二沙汰一。但自身不參。差二進門生宗大夫有秀一云々。

人名索引

あ　行

か　行

さ　行

た　行

な　行

は　行

ま　行

や・ら・わ行

事項索引

あ 行

か 行

ま・や・わ行

《著者紹介》

関　幸彦（せき・ゆきひこ）

1952年　生まれ。
1975年　学習院大学卒業。
1985年　学習院大学大学院人文科学研究科史学専攻博士課程修了。
　　　　学習院大学助手，文部省を経て，
現　在　鶴見大学文学部文化財学科教授（日本中世史専攻）。
著　書　『研究史地頭』吉川弘文館，1983年。
　　　　『国衙機構の研究』吉川弘文館，1984年。
　　　　『蘇る中世の英雄たち』中央公論新社，1998年。
　　　　『武士の誕生』日本放送出版協会，1999年。
　　　　『神風の武士像』吉川弘文館，2001年。
　　　　『源頼朝　鎌倉殿誕生』PHP 研究所，2001年。
　　　　『「鎌倉」とはなにか』山川出版社，2003年，ほか多数。

ミネルヴァ日本評伝選

北《ほう》条《じょう》政《まさ》子《こ》

――母が嘆きは浅からぬことに候――

2004年３月10日　初版第１刷発行　〈検印省略〉

定価はカバーに
表示しています

著　者　関　幸　彦
発行者　杉　田　啓　三
印刷者　江　戸　宏　介

発行所　株式会社　ミネルヴァ書房
607-8494 京都市山科区日ノ岡堤谷町１
電話（075）581-5191（代表）
振替口座 01020-0-8076番

共同印刷工業・新生製本

ISBN4-623-03969-2

Printed in Japan

刊行のことば

歴史を動かすものは人間であり、興趣に富んだ人間の動きを通じて、世の移り変わりを考えるのは、歴史に接する醍醐味である。

しかし過去の歴史学を顧みるとき、人間不在という批判さえ見られたように、歴史における人間のすがたが、必ずしも十分に描かれてきたとはいえない。二十一世紀を迎えた今、歴史の中の人物像を蘇生させようとの要請はいよいよ強く、またそのための条件もしだいに熟してきている。

この「ミネルヴァ日本評伝選」は、正確な史実に基づいて書かれるのはいうまでもないが、単に経歴の羅列にとどまらず、歴史を動かしてきたすぐれた個性をいきいきとよみがえらせたいと考える。そのためには、対象とした人物とじっくりと対話し、ときにはきびしく対決していくことも必要になるだろう。

今日の歴史学が直面している困難の一つに、研究の過度の細分化、瑣末化が挙げられる。それは緻密さを求めるが故に陥った弊害といえるが、その結果として、歴史の大きな見通しが失われ、歴史学を通しての社会への働きかけの途が閉ざされ、人々の歴史への関心を弱める危険性がある。今こそ歴史が何のためにあるのかという、基本的な課題に応える必要があろう。評伝という興味ある方法を通じて、解決の手がかりを見出せないだろうかというのも、この企画の一つのねらいである。

狭義の歴史学の研究者だけでなく、多くの分野ですぐれた業績をあげている著者たちを迎えて、従来見られなかった規模の大きな人物史の叢書として、「ミネルヴァ日本評伝選」の刊行を開始したい。

平成十五年（二〇〇三）九月

ミネルヴァ書房

ミネルヴァ日本評伝選

企画推薦
梅原 猛
ドナルド・キーン
佐伯彰一
角田文衛

監修委員
上横手雅敬
芳賀 徹

編集委員
石川九楊
伊藤之雄
猪木武徳
今谷 明
今橋映子
熊倉功夫
佐伯順子
坂本多加雄
武田佐知子
竹西寛子
西口順子
兵藤裕己
御厨 貴

上代

卑弥呼 古田武彦
日本武尊 西宮秀紀
蘇我氏四代 遠山美都男
聖徳太子 仁藤敦史
斉明天皇 武田佐知子
天武天皇 新川登亀男
持統天皇 丸山裕美子
阿倍比羅夫 熊田亮介
柿本人麻呂 古橋信孝
聖武天皇 本郷真紹
光明皇后 寺崎保広
孝謙天皇 勝浦令子
藤原不比等 荒木敏夫
吉備真備 今津勝紀
道 鏡 吉川真司
大伴家持 和田 萃
行 基 吉田靖雄

平安

桓武天皇 井上満郎
嵯峨天皇 西別府元日
宇多天皇 古藤真平
醍醐天皇 石上英一
村上天皇 京樂真帆子
花山天皇 上島 享
三条天皇 倉本一宏
後白河天皇 美川 圭
菅原道真 竹居明男
小野小町 錦 仁
紀貫之 神田龍身
慶滋保胤 平林盛得
安倍晴明 斎藤英喜
藤原道長 朧谷 寿
清少納言 後藤祥子
紫式部 竹西寛子
和泉式部 ツベタナ・クリステワ
大江匡房 小峯和明
建礼門院 生形貴重
阿弖流為 樋口知志
坂上田村麻呂 熊谷公男
*源満仲・頼光 元木泰雄
平将門 西山良平
藤原秀衡 入間田宣夫
空 海 頼富本宏
最 澄 吉田一彦
源 信 小原 仁
守覚法親王 阿部泰郎

鎌倉

源頼朝 川合 康
源義経 近藤好和
北条時政 野口 実
*北条政子 関 幸彦
北条義時 岡田清一
北条時宗 近藤成一
後鳥羽天皇 五味文彦
安達泰盛 山陰加春夫
竹崎季長 堀本一繁
西 行 光田和伸
藤原定家 赤瀬信吾
*京極為兼 今谷 明
兼 好 島内裕子
重 源 横内裕人
運 慶 根立研介

法然　今堀太逸
慈円　大隅和雄
明恵　西山厚
親鸞　末木文美士
恵信尼・覚信尼　西口順子
道元　船岡誠
*日蓮　佐藤弘夫
一遍　蒲池勢至
叡尊　細川涼一
忍性　松尾剛次
夢窓疎石　田中博美
宗峰妙超　竹貫元勝

南北朝・室町

後醍醐天皇　上横手雅敬
楠正成　兵藤裕己
新田義貞　山本隆志
北畠親房　岡野友彦
足利尊氏　市沢哲
佐々木道誉　下坂守
円観・文観　田中貴子
足利義満　川嶋將生
大内義弘　平瀬直樹
足利義教　横井清
日野富子　脇田晴子
世阿弥　西野春雄
一休宗純　原田正俊
雪舟等楊　河合正朝
宗祇　鶴崎裕雄
満済　森茂暁

戦国・織豊

北条早雲　家永遵嗣
今川義元　小和田哲男
武田信玄　笹本正治
三好長慶　仁木宏
上杉謙信　矢田俊文
吉田兼倶　西山克
顕如　神田千里
織田信長　三鬼清一郎
豊臣秀吉　藤井讓治
前田利家　東四柳史明
蒲生氏郷　藤田達生
北政所おね　田端泰子
淀殿　福田千鶴
ルイス・フロイス　エンゲルベルト・ヨリッセン
*長谷川等伯　宮島新一

江戸

徳川家康　笠谷和比古
徳川吉宗　横田冬彦
後水尾天皇　久保貴子
池田光政　倉地克直
*佐竹曙山　成瀬不二雄
田沼意次　藤田覚
山崎闇斎　澤井啓一
雨森芳洲　上田正昭
シャクシャイン　岩崎奈緒子
平賀源内　石上敏
前野良沢　松田清
杉田玄白　吉田忠
上田秋成　佐藤深雪
菅江真澄　赤坂憲雄
ケンペル　ボダルト・ベイリー
平田篤胤　川喜田八潮
シーボルト　宮坂正英
本阿弥光悦　岡佳子
北村季吟　島内景二
良寛　阿部龍一
二代目市川団十郎　田口章子
尾形光琳・乾山　河野元昭
伊藤若冲　狩野博幸
与謝蕪村　佐々木丞平
鈴木春信　小林忠
円山応挙　佐々木正子
葛飾北斎　岸文和
酒井抱一　玉蟲敏子
*吉田松陰　海原徹
西郷隆盛　草森紳一

近代

明治天皇　伊藤之雄
大久保利通　三谷太一郎

山県有朋　鳥海　靖
木戸孝允　落合弘樹
井上　馨　高橋秀直
松方正義　室山義正
北垣国道　小林丈広
伊藤博文　坂本一登
井上　毅　大石　眞
桂　太郎　小林道彦
小村寿太郎　簑原俊洋
林　董　君塚直隆
加藤高明　櫻井良樹
田中義一　黒沢文貴
浜口雄幸　川田　稔
関　一　玉井金五
宮崎滔天　榎本泰子
安重根　上垣外憲一
平沼騏一郎　堀田慎一郎
幣原喜重郎　西田敏宏
広田弘毅　井上寿一
グルー　廣部　泉
東條英機　牛村　圭
乃木希典　佐々木英昭

加藤友三郎・加藤寛治　麻田貞雄
宇垣一成　北岡伸一
石原莞爾　山室信一
五代友厚　田付茉莉子
安田善次郎　由井常彦
渋沢栄一　武田晴人
武藤山治　阿部武司・桑原哲也
小林一三　橋爪紳也
大原孫三郎　猪木武徳
ラフカディオ・ハーン　平川祐弘
イザベラ・バード　加納孝代
林　忠正　木々康子
森　鷗外　小堀桂一郎
二葉亭四迷　ヨコタ村上孝之
泉　鏡花　東郷克美
有島武郎　亀井俊介
永井荷風　川本三郎

北原白秋　平石典子
宮澤賢治　千葉一幹
正岡子規　夏石番矢
高浜虚子　坪内稔典
与謝野晶子　佐伯順子
斎藤茂吉　品田悦一
萩原朔太郎　エリス俊子
原阿佐緒　秋山佐和子
P・クローデル　内藤　高
＊高村光太郎　湯原かの子
狩野芳崖・高橋由一　古田　亮
黒田清輝　高階秀爾
中村不折　石川九楊
横山大観　高階秀爾
橋本関雪　西原大輔
小出楢重　芳賀　徹
ニコライ　中村健之介
出口なお・王仁三郎　川村邦光
島地黙雷　阪本是丸
新島　襄　太田雄三

澤柳政太郎　新田義之
大谷光瑞　白須淨眞
西田幾多郎　大橋良介
内藤湖南・桑原隲蔵　礪波　護
柳田国男　鶴見太郎
久米邦武　高田誠二
喜田貞吉　中村生雄
岩村　透　今橋映子
厨川白村　張　競
辰野　隆　金沢公子
薩摩治郎八　小林　茂
徳富蘇峰　杉原志啓
上田　敏　及川　茂
田口卯吉　鈴木栄樹
陸　羯南　松田宏一郎
竹越与三郎　西田　毅
宮武外骨　山口昌男
吉野作造　田澤晴子
野間清治　佐藤卓己
北　一輝　宮本盛太郎
南方熊楠　飯倉照平

寺田寅彦　金森　修
小川治兵衛　尼崎博正
J・コンドル　鈴木博之

現代

昭和天皇　御厨　貴
吉田　茂　中西　寛
重光　葵　武田知己
マッカーサー　柴山　太
竹下　登　真渕　勝
松永安左ヱ門　橘川武郎
鮎川義介　井口治夫
松下幸之助　米倉誠一郎
井深　大　武田　徹
本田宗一郎　伊丹敬之
幸田家の人々　金井景子
川端康成　大久保喬樹
松本清張　杉原志啓
保田與重郎　谷崎昭男
R・H・ブライス　菅原克也
金　素雲　林　容澤
イサム・ノグチ　酒井忠康
柳　宗悦　熊倉功夫
バーナード・リーチ　鈴木禎宏
川端龍子　岡部昌幸
藤田嗣治　林　洋子
山田耕筰　後藤暢子
武満　徹　船山　隆
西田天香　宮田昌明
安倍能成　中根隆行
和辻哲郎　小坂国継
平泉　澄　若井敏明
青木正児　井波律子
石田幹之助　岡本さえ
前嶋信次　杉田英明
G・サンソム　牧野陽子
正宗白鳥　大嶋　仁
佐々木惣一　松尾尊兊
＊瀧川幸辰　伊藤孝夫
福本和夫　伊藤　晃
フランク＝ロイド・ライト　大久保美春

＊は既刊
二〇〇四年二月現在